ビジネス革新

世界は
宇宙文明に至り
光明奇跡を利する大道

経営学博士
總天優覧昇
そうすめ　ゆらんすく
Yuransuku Sousume

たま出版

プロローグ

エンジンは静かに快適な唸《うな》りをあげ、回転し、運行しています。エンジンはライフエンジンであり、ビジネスエンジンです。近接《きんせつ》未来に託《たく》されている新世界へと、より優《すぐ》れた生き方のためにエンジンは健全なる回転を機動し躍進《やくしん》しているのです。

絶大《ぜつだい》なる宇宙、時空間の中で新世界を迎えんとするためには、今どのような発想でライフエンジンを回転させ、ビジネスエンジンを回転させていけばいいのか。このような、真に迫《せま》った近接《きんせつ》未来、そして現在に、聖なる天界から強力に降《ふ》り注《そそ》がれているエネルギーを、どのようにして受け取り、本人及び世の人々が生きるために活用すればいいのかということを明らかにする時節《じせつ》が到来《とうらい》したのです。

このようなことの解答は、実利実践《じつりじっせん》のビジネスをメインとする解説では、未来開拓《かいたく》の大道《だいどう》にのせることは不十分であろうと思われます。もちろん、実利実践《じつりじっせん》のビジネスは必要なる補助であって、未来開拓《かいたく》への大いなるメインではないのです。ここに絶大《ぜつだい》なる革新が張られているのです。

現在に注《そそ》がれている偉大なる神智《しんち》という光を受け取り、未来開拓《かいたく》の大道《だいどう》に乗るメインは、新世界への架《か》け橋である宇宙の法に則した生き方を成就《じょうじゅ》し、ビジネスを成功させるということです。メインエンジンのスイッチをオンにし、電力光字《こうじ》パネル、安全表示メーターを確認し、前方《ぜんぽう》に大きく目を開けて前進へのエネルギー　アクセルを全開に発動しましょう。これを成就《じょうじゅ》することによって、人間は、そして社会は強く動かされるのです。

このような、歴史的宇宙的革新の前方《ぜんぽう》を広々と見渡せるために、人智《じんち》を超えた遥《はる》かなる宇宙からの神智《しんち》の波動《はどう》を根源思想《こんげんしそう》としたお諭《さと》しと成功への糸口が下されるのです。このようなお話を、わかりやすく、ビジネスマンは元より、求道《ぐどう》を志すすべての人々のために述べられています。

何も恐れる必要はありません。清々《すがすが》しく真心《まごころ》の原点をもってページを進めるだけで、そのエンジンは静かに動き出します。どのような時であれ、そのエンジンは新世界への生還《せいかん》をみごとに果たすために守ってくれるでしょう。そのための方法と根源的考え方を、ライフエンジン、ビジネスエンジンという波動《はどう》として私は表現しました。絶大《ぜつだい》なるすばらしいエンジンの機動力に従って、ライフエンジン、ビジネスエンジンの原点に転化《てんか》し、皆様の健康、幸福、諸利益が成就《じょうじゅ》せられることを願ってやみません。

このような、宇宙の法へと旅立つエンジンに転化させることによって、世の人々や社会の構造等が、大きく躍進《やくしん》し、快適な世の中になることを願いつつ、絶好調の大きく高い波に清新《せいしん》な風を送りたいと思います。

目録

第二部　神とともに生きる ―― 115

第三部　ワールドピースビジネスの成功と勝利は感謝からはじまる——163

第一部　サクセス　ビジネスにかける大神霊流《だいしんれいりゅう》

道は開ける

二十一世紀のビジネスマンは、超能力の初段階を自《みずか》らの人生はもちろんのこと、本業とするビジネスに自由自在に活用し、その目的を円満完全に成就《じょうじゅ》することができる、正しい展開の時期に来ています。初段階的超能力は、峻厳《しゅんげん》なる修業《しゅぎょう》を課せられる必要はなく、正しい天界から示された高次元《こうじげん》及び光そのものを想像する超無限次元の発動が、超宗教からの天則《てんそく》を理解することに従って瞬時《しゅんじ》に起動《きどう》するのです。

そのような正しい天則《てんそく》がどのようなものであるかということを、ビジネスを日々行《ぎょう》じるに際《さい》し、考え方の起点《きてん》となる諸々《もろもろ》の事象《じしょう》に関して、速《すみ》やかに発動されるよう論述することとしました。初段階的超能力はスーパーラブと宇宙の法を理解することに従って速《すみ》やかに修得《しゅうとく》することがわかったのです。このことによりすべての道が明瞭《めいりょう》に開かれたのです。ビジネスマンは自《みずか》らの課題とする道が開かれ解決し、そのワークは皆様のご利用に役立つことができるのであり、多くの皆様から喜んでいただけることができるのです。システムエンジニアは難しい回路の解決を速《すみ》やかに解決し、はるかに利用効率の高い優《すぐ》れたシステムをリーズナブルなコストで大量生産のできる道が開かれるのです。

これからお話しすることは、末端《まったん》的な良循環《りょうじゅんかん》はもちろんのこと、超能力が発動されるための根本的かつ本質的なスーパーラブ及び宇宙の法を強い基礎力《きそりょく》、強い構造物《こうぞうぶつ》としてさまざまな角度から多彩な論点を交えてお話しをしていきたいと思います。

これまでは、ビジネスと超能力、あるいは人生と超能力とは無関係なものであると考えられていました。とりわけ、超能力というのは平凡《へいぼん》な人間にできることではないと頭から決めかかっていたきらいがあります。

しかし、二十一世紀からはそうではありません。神様から祝福された多くの人々が出現し、その使命に目覚《めざ》めた多くの方々がいらっしゃいます。そのような方々が始めに初段階的超能力を応用し、正しく利用し、二十一世紀ビジネスの輝ける偉業《いぎょう》を次々と解決し成功させていくのです。

超能力を正しく利用し、ビジネスに応用されますと、そのビジネスからは、光が発せられます。そのビジネスは、正しい目的に合一《ごういつ》していますから、暖かいスーパーラブの光の波動《はどう》が発せられているのです。

多くの人々は、そのようなビジネスを愛し、そのようなビジネスから生産された商品を好んで利用します。必然的に、そのようなビジネスは成功し、そのような生産ラインから出荷《しゅっか》された商品は、必然的にベストランクに入ります。

ビジネスを光の上に乗せましょう。製造物を光の上に乗せましょう。ここで言うところの光とは、電球や蛍光灯の光ではないということを、すでに皆様はご承知のはずです。その光というのは、高次元《こうじげん》の光であり、そしてまた究極《きゅうきょく》の無限次元の光なのです。それはスーパーラブの光であり、宇宙の法という光であることが理解されていくでしょう。未知の扉を光明《こうみょう》の扉へと変えていくができるのです。

これが二十一世紀の革新です。超能力の開元《かいげん》のためには、超宗教の理解が必要です。宇宙界の神智《しんち》が必要です。皆様は、知らず知らずのうちにそれを求めていくでしょう。その通りです。「求めよ、さらば与えられん」。時代が進歩するにつれて、人々も時代の進歩と共に能力を超能力として進歩させうることができるのです。

超宗教から始まる絶大《ぜつだい》なるエネルギーは、あなたがたの小さな努力で絶大《ぜつだい》なる効力と見違えるすばらしい結果を与えようとしています。宇宙の変化は、刻々と斎場《さにわ》に神の光を与え、整理整頓《せいとん》し、人々の躍進《やくしん》を成就《じょうじゅ》させています。

本書では、このめでたき知らせが皆様の日々行《ぎょう》じるビジネスと共に光が発動され、円満にして高揚《こうよう》された新世界への革新が、ゆるやかに、速《すみ》やかに、スムーズに行われるよう論《ろん》述《じゅつ》しました。時には、電光石火《でんこうせっか》のごとく解決を求められることもあるでしょう。そのような時にこそ、初段階的超能力を発揮《はっき》していただきたいのです。

現在では、その期が熟《じゅく》していると考えられます。あらゆる道は開かれるのです。あらゆる道は開けていくのです。あらゆる道は光明《こうみょう》で満たされるのです。

さあ、ビジネスを通して、神が祝福したまう新世界の大道《だいどう》を開けていくことにしましょう。

サクセス　ビジネスの手法

はじめに、ビジネスにサクセスを持ち込むというのは、どのようなことか。そこから述べることにしましょう。

ビジネス　サクセスの基本方式は、スーパーラブであり、明るい未来指向のキーポイントの完成です（前書『ビジネス革命』参照）。ここでは、ビジネスとビジネスマンの中に、強いサクセスのエネルギーが流れ、清らかになって環流《かんりゅう》するという方法を考えてみましょう。

ある絶大《ぜつだい》なビジネスを例にとると、最初によく問題を解決し、所定《しょてい》のノルマを上げるまでに大変な時間はかかったが、基本的、安定的集客と、当然の見込み得る利益を計上することができ、そしてなおかつ、近未来的、そして長期的に明るい展望と収益《しゅうえき》期待が見込める。そのビジネスを活用する顧客《こきゃく》は、常にリフレッシュな感動を覚え、豊かな感性に浸《ひた》り、そして少なからずの感動を心に刻《きざ》んで帰っていく——。

このようなビジネスを、ビジネスとビジネスマンにサクセスのエネルギーが流れ、なおかつ清らかなエネルギーが環流《かんりゅう》している、サクセス　ビジネスと言うのです。ビジネスマンは、かくの如《ごと》きビジネスを手がけ、成就《じょうじゅ》し、そして多くの顧客《こきゃく》に提供することを喜びとすることでしょう。

さてここでは、そうしたビジネスの秘法を、一つひとつ説《と》き明かしていかなければなりません。そのようなサクセス　ビジネスは、どのような点が他と相違するのでしょうか。どのような点が顧客《こきゃく》の心を惹《ひ》きつけるのでしょうか。どのような点が顧客《こきゃく》に反復継続《はんぷくけいぞく》という利用を提供することが可能なのでしょうか。そして、最終的に、長期的プランと詳細《しょうさい》なプログラムの完了によるトータルの結果、安定した収益《しゅうえき》が計上できるのでしょうか。

ビジネスのマネジメントは、当然ながらこのようなことを検討《けんとう》し、明るい結論を導《みちび》き出すのですが、経営の教科書に、すべての顧客《こきゃく》に満足させるためにはどのようなことを付け加えればよいのでしょうか。ここが一番大切なところです。

強い目のサクセス　ビジネスは、どのような経営大辞典をひもとけばその解答が得られるのでしょうか。絶対必勝の完成の道とは、どのような企業辞典をひもとけば解答が見いだされるのでしょうか。何より欲しいのは、明快《めいかい》な解答です。

普通の人間は空を飛ぶことはできません。人間が空を飛ぶということは、非常にむつかしいことです。自転車に羽根を付けて、精一杯《せいいっぱい》、力強く漕《こ》いだとしても、ウグイスには到底《とうてい》及ばないのです。しかしながら現代では、ジャンボへのタラップをのぼるという行為があるのみで、どこの諸外国へでも人間は飛んでいくことができます。これは大変ありがたいことです。きわめてむずかしいことを、文明の力は少し簡単で容易《ようい》な行為にさせてくれます。

しかしながら、アース文明を賞賛《しょうさん》するのがここでの目的ではありません。本書では、超能力開発が（初段階ではありますが）スムーズに運ばれるように、そしてそれが、まるで無意識のうちに成就《じょうじゅ》するように論述されています。

要は、教科書的マネジメント手法に何を付け加えれば、まったくすばらしい、顧客《こきゃく》を動員できるサクセス　ビジネスになり、安定的勝利をトップから全組織構成員にいたるまでその勝利を獲得《かくとく》することができるのであろうかということです。

利用できる平和的文明は、すべて活用しましょう。大変にむずかしい事々《ことごと》を、すでに我ら人類が持っているアース文明のさまざまの要素を用いて、少しでも簡便《かんべん》に容易《ようい》にしてあげるということが、まず大切なことです。それから教科書的マネジメント手法をフルに活用し、世界的水準にまで引き上げるということが大切です。

そして最後に、強い目のサクセス　ビジネスという、楽しい、付け加えられた何かがあるのです。この何かという〝サムシング〟が、強い目のサクセス　ビジネスを成就《じょうじゅ》させ、完全なる事業の視界を光明爛漫《こうみょうらんまん》に見せてくれるのです。

ビジネス　サムシング

強い目のサクセスとは、強い目をより強くさせるという意味でもあります。強い目をよりいっそう強く磨《みが》き上げることによって、サクセスをより堅実《けんじつ》に、確実に展開するということです。強い目を一日も早く発揮《はっき》せよ、ということです。

強い目は神様に感知されるのです。神様に感知されるということは、神様との神経が、強い目に繋《つな》がるということです。そこで健全なるビジネスが、世界中の人々によって支えられるということであり、世界中の人々から需要《じゅよう》を要求されるということです。

ビジネスマンの世界にあって、マルキストや唯物《ゆいぶつ》論者は、このようなビジネスのサムシングに巡《めぐ》り合わすことはないのでしょうか。決してそのようなことはありません。マルキストや唯物《ゆいぶつ》論者は、十分な論理的素養《そよう》を持っているのです。論理的素養《そよう》を持つならば、そのような思想は一つの仮の信仰であり、仮の信仰を総合的科学によって立脚《りっきゃく》されるという立場から眺《なが》めるところの、サムシングという概念《がいねん》に転換することによって、彼らは新たな、そして健全な境地を得ることができるのです。これは、そのような人たちにとってはまことにめでたいことです。

さて、強い目のサクセス　ビジネスは、サムシングを付け加えることにより、決定的な、恒常《こうじょう》的、安定的成功と勝利を導《みちび》き出すのであるということが理解できたと思われます。サムシングこそ、ビジネスマンの究極のあこがれであり、勝利体験のロマンスであり、成功へのプログラミングです。

私たちの社会生活の中にあって、サムシングを導《みちび》き出していきましょう。それは宇宙の中心からの波動《はどう》にあります。それは実在《じつざい》の全自在力《じざいりょく》とも言います。私たちは、太陽から燦々《さんさん》と降《ふ》り注《そそ》ぐ光を浴びて、日々健康に生きることができます。

そこからサムシングを一つ付け加える考え方を認識《にんしき》していきましょう。これが宇宙時代の生きる力です。これが健全な神の信託《しんたく》性時代を生きる力となるのです。なぜなら、私たちは、強く正しく明るく、このようなエネルギーによって生かされているからです。使命を成就《じょうじゅ》させられているからです。天命を完遂《かんすい》させられているからです。

最高の、絶大《ぜつだい》なビジネスに、このサムシングを付け加えてみましょう。絶大《ぜつだい》なビジネスは、必ず成功させねばなりません。世界に躍進《やくしん》するビジネスに、銀河の中心から発せられる神々《こうごう》しい波動《はどう》を、サムシングとして結実させましょう。そのようなビジネスは銀河から祝福されたビジネスとして、大いに発展することは間違いないのです。

そこで、何が求められるかということが大切になってきます。サムシングを理解すれば、すべて十分であると言えるのですが、それでは、そのようなサムシングを理解できる、悟《さと》りのあるビジネスマンや経営者のみが、絶大《ぜつだい》なビジネスを成功させることができるのかと言いますと、そのような人たちだけが大成功を納《おさ》めるということではありません。もちろん、このようなサムシングを理解し、悟《さと》る力のある人は、しごく当然に、絶大《ぜつだい》なビジネスを大成功へと導《みちび》くことができます。

銀河の中心からの波動《はどう》

ここで述べられたサムシングを理解する方法を十分に会得《えとく》し、修練《しゅうれん》し、自《みずか》らをトレーニングするならば、どのようなビジネスマンでも大成功へと導《みちび》くことができるのです。それは銀河の中心からの波動《はどう》を、自《みずか》らの心の中で捉《とら》えるということです。そのようなサムシングの波動《はどう》を十分にキャッチしたならば、どのようなビジネスの世界にあっても、その事業を大成功へと導《みちび》くことができます。これは、人間の健全な生理学でもあります。

健全な人間の生理的循環《じゅんかん》は、細胞のスクラップ&ビルドであり、これは新陳代謝《しんちんたいしゃ》と言われています。この新陳代謝《しんちんたいしゃ》を、すこやかに、強力に推《お》し進める波動《はどう》は、まさにこのサムシングの自覚にあるのであり、このサムシングに自《みずか》らの心の強い目を向けることによって、強い人間の生理的循環《じゅんかん》があまねく循環《じゅんかん》し回転するのです。

サムシングという銀河の中心からの波動《はどう》は、宇宙の健全なる進化という強い喜びです。

この喜びは、万人に、まことなる人類に、感動を与えます。サムシングを理解し、サムシングの考え方を体得《たいとく》したならば、自律《じりつ》的で余裕のある生活が保証されます。

これはなぜかという答えに、明確な全容があります。サムシングという考え方は、その考え方を持った時点において、銀河から発する中心的な流れの真ん中に乗って生かされています。これは重要な考え方です。

サムシングという考え方を持つことによって、すでに目標とされる標的の真ん中に、私たち自身、あなたたち自身の幸運が的《まと》の中心を通り抜け、あらゆる目的や願望の成就《じょうじゅ》を完成させているのです。これは意味の深いことではありますが、日常生活においてまことにありふれた、簡単にして平凡《へいぼん》な事々《ことごと》のうちに、ひらめきとなって、健全な人間生活や成功へのビジネスとなり、具現《ぐげん》されていきます。

サムシングという能力を磨《みが》き上げましょう。サムシングという魂《たましい》磨《みが》きを完成させましょう。サムシングという波動《はどう》を、真心《まごころ》によって、強くキャッチしましょう。これが、銀河の中心からの波動《はどう》と調和した生き方であり、ビッグ　サクセスへのビジネスマンの決定的秘策《ひさく》となる考え方です。

奇《く》しくも大きく熟《う》れている葡萄《ぶどう》畑

サクセス　ビジネスにかける大神霊流《だいしんれいりゅう》は、正しい信念と統合的理性から導《みちび》かれるものです。すなわち、未知なる学問を未知として正しく認め、認識《にんしき》し、そこから総合的科学を十分にわきまえた上で、正しい信念と統合的理性によって、あらゆる物事《ものごと》を判断するということです。

これはまさに人生の道筋《みちすじ》でもありますが、ここではサクセス　ビジネスにかける大神霊《しんれい》流《りゅう》という話からはじめていきたいと思います。

正しい信念と統合的理性が生み出す正しい信仰は、どこでも、いつでも、奇跡というすばらしい現実を生み出します。これは、現代において、そして近未来にかける光明《こうみょう》の世界において、我々人類は三次元の世界のみに生きているのではないという現実を知らしめています。

近未来においては、いとも簡単に大きく熟《う》れている葡萄《ぶどう》畑を眺《なが》めることができるでしょう。その大きな葡萄《ぶどう》、大きな熟《う》れている房《ふさ》は、奇《く》しくもその畑に生産される必要があったからにほかなりません。

ビジネスの世界では、バイオ　テクノロジーがすばらしい発展を見せ、農業生産のあり方をかなり大きく改善させてしまうでしょう。相当ポジティブな生産活動ができるはずです。これこそ、総合科学の勝利と言えるでしょう。何のプロセスも、説明もなく、絶大《ぜつだい》な葡萄《ぶどう》の実を見たなら、人々はこれを奇跡と言うでしょう。

このように、文明の正しい発達と進化によって奇跡は大量生産させることができるのです。蘭麝《らんじゃ》や白檀《びゃくだん》の木の植林生産をバイオ　テクノロジーによって成功させ、山林を豊かに実らすならば、木材建築においてもすばらしく豊かな風格のある日本建築ができ上がるでしょう。

ビジネスの世界にあって、グッド　スピリッツは社是《しゃぜ》とともに重要なアイテムです。世界ランキングで活動する企業は、皆、すばらしいグッド　スピリッツをもって躍動《やくどう》しています。これは、サクセス　ビジネスには必要不可欠な企業エネルギーであることを物語っているのです。このようなサクセスの公式を、私たちはもう少し深く考えてみたいと思います。

唯物論《ゆいぶつ》で成功している企業は、今現在、どこに存在しているでしょうか。これはまことにむずかしい話になってきます。それでは、上手に、うまく回転している企業は、どのような企業スタイルを持っているのでしょうか。このような基本的考え方から、グッド　スピリット、そしてグッド　ウィルという考え方を根本にして話を進めていきたいと思います。

神霊流《しんれいりゅう》

よい精神と、強い意志、この二つを、ビジネスマンは、どのような方向に意識をもって働かさせていけばよいのでしょうか。これは大変おもしろいテーマです。ビジネスの世界においては、根本的な話からはじまるのではないでしょうか。それは何かということです。

人類は、おもしろく、楽しく生きることを根本としています。これは幸福のはじめです。従って、あらゆるビジネスは、人類のおもしろい、そして楽しい生活を提供し、言葉を換《か》えるならば、人類の幸福を提供せんがためのあらゆる物事《ものごと》を提供し、ビジネスを確立せしめるために存在するのです。

そのようなプロセスにおいて、最終的利潤《りじゅん》を獲得《かくとく》し、再活動、再生産し、企業を永続させることが企業の目的とされます。そのような基本認識《にんしき》のもとでサクセス　ビジネスを成功させるためには、成功の流れの中にある神霊流《しんれいりゅう》というエネルギー波動《はどう》と一致《いっち》する必要があります。

これはビジネスの世界における話ではありますが、その根本には、その理由によりこのエネルギーが流れているのです。そしてこのエネルギーを発見し、一致《いっち》させようとするのは、グッド　スピリットとグッド　ウィルという意識であるのです。もっとも、ビジネス成功以前に、ビジネスマンは人間として全人格者であり、成功者であるという基礎の上に立って、このようなもろもろのサクセス　ビジネスが豊かに展開されていきます。

ということは、サクセス　ビジネスにかける神霊流《しんれいりゅう》とは、霊主《れいしゅ》たる人間の魂磨《たましいみが》きによって勝ち得られるところのサムシングを保持《ほじ》している人物、いわゆるビジネスマンということができます。このようなサクセス　ビジネスにあっては、奇跡の葡萄《ぶどう》が次から次へと転げてきます。企業の倉庫は、このような宝物で満杯になることでしょう。そして、その宝物は世界中から猛烈《もうれつ》な発注の勢いとなって、需要《じゅよう》の波が引き起こされるでしょう。

このようなことから、グッド　スピリットとグッド　ウィルというものの考え方をビジネスの世界で生かし、その方向性を確かに掴《つか》むならば、サクセス　ビジネスを手の中に掴《つか》むことができるのです。この方法によれば、ビジネスマンは絶対に成功するのが当然なのです。

このようなグッド　スピリットとグッド　ウィルの働かせ方をなすならば、あらゆるビジネスは絶対に成功するのです。ビジネスマンは自信を持って明日を迎えることができるでしょう。朝食はおいしく、足腰は強く、やる気にみなぎるでしょう。生き生きと意欲が起こるのです。嬉《うれ》しく、すがすがしい、力強い朝から、一日の充実したすばらしいビジネスが成就《じょうじゅ》していくことでしょう。

如意宝珠《にょいほうしゅ》の城

私たちの日々めでたいビジネスは、楽しい生活を群れとなって行うことにはじまります。それはちょうど大きな如意宝珠《にょいほうしゅ》の城の中に、和気あいあいと強いパワーを持って、正しき仲間が群れとなって生活するのに等しいことです。

大きな如意光《にょいひかり》水晶は、その宝珠《ほうしゅ》の形のごとく、大きな城となって私たちの生活の内外《ないがい》に君臨《くんりん》します。その城の外壁《がいへき》は防衛であり、大自然界の守護であり、神様からの神知《しんち》の守りです。いかなる障壁《しょうへき》をも未然《みぜん》に払いのけ、外敵をはじき、害毒を滅《めっ》するのです。

生活の拠《よ》り所《どころ》となす城はもちろんのこと、企業としておのおの如意宝珠《にょいほうしゅ》の城を、経営者は持つということが大切です。この城によって全従業員は守られなければならないのです。

幹部職は如意宝珠《にょいほうしゅ》の城の全体を覆《おお》う光の水晶に、十分、きれいな光が射し込んでくるように、その状態を整えなければなりません。強い光が射し込み、如意《にょい》光水晶の真ん中に発光して、城全体が輝きわたるようにするのが幹部職の務《つと》めです。ヤングパワーで如意《にょい》光水晶の城を、堅固《けんご》に、そして柔軟《じゅうなん》に構築していきましょう。未来に輝く城とするために、健全な新陳代謝《しんちんたいしゃ》が常に行われていく必要があります。

これはビジネスのみに関わることではありませんが、大きな如意宝珠《にょいほうしゅ》の光でできた城を、生活の中心に置き、正しい方向性をもって歩んでいかなければならないということを、私たちに教えてくれるのです。

中世の城の屋根のデザインには、大きな如意宝珠《にょいほうしゅ》型の突出《とっしゅつ》したつくりがありました。このようなデザインは、古くから人類の心や霊性《れいせい》を清め、魔を払い、大きく清浄《せいじょう》なエネルギーを流入せしめてくれるデザインであったのでしょう。

如意宝珠《にょいほうしゅ》型のエネルギー

人間の健康は、スムーズな血潮《ちしお》の流れがとどこおりなく全身を駆《か》け巡《めぐ》り、速《すみ》やかに循環《じゅんかん》するという生理の中にあって、もろもろの神経が十分にその機能を果たすということが健康の基本となっています。

このように、スムーズな血潮《ちしお》の流れ、そしてきれいな血液は、健全な生理現象によって隈《くま》なく創造され、たゆみなく健全に循環されているというシステムのとおりに、如意宝珠《にょいほうしゅ》の城の機能も、情報の伝達、連絡、そして会議等の相談、このような一連の流れによって新しく、健全な新陳代謝《しんちんたいしゃ》が創造されていきます。

企業活動も、このような生物的、ホリスティックな考え方によって違う角度から眺《なが》めてみるならば、大変興味深い、そして楽しいビジネスの発想が展開されてくるように思えます。

何よりも、企業は生き生きとして成長し続けなければなりません。そのような意味から、生物的、ホリスティックな考え方は非常に興味のあるところです。企業の大きい城は、如《にょ》意宝珠《いほうしゅ》の大きな形となってその城全体を覆《おお》い包み、宇宙からの守護というエネルギーを受け入れ、生成発展していくという考え方と同時に、ビジネスマン一人ひとりが、如意宝珠《にょいほうしゅ》の城の中心の、自《みずか》らの仕事のターゲットの中心に焦点《しょうてん》を当て、物事《ものごと》を展開していくという考え方が必要なのです。

視界に入ってくるサクセスの全域を、網羅《もうら》的に眺《なが》め、その動向を自在に追跡しながら確認していくという作業が、如意宝珠《にょいほうしゅ》の城の内において実現できるようになります。これは何を意味するのかというと、如意宝珠《にょいほうしゅ》型という、きわめて均整《きんせい》の取れた宇宙的な美しいデザインは、その美しい形どおりの宇宙の秩序《ちつじょ》を表し、正しき宇宙のエネルギーを呼び込み、光を整え、私たちにそのエネルギーを伝播《でんぱ》させるのです。

これは、少し深い考え方に転換すれば、宇宙界からの神様の意志の流れが、そのような均整《きんせい》の取れたデザインによって私たちのもとに脈々《みゃくみゃく》と運ばれてくるという考え方です。このような考え方は、私たちのあらゆるビジネスにおいて、研究、企画、創造、生産、あらゆる場面において展開されます。いわゆるサクセス　ビジネスには、このような均整《きんせい》の取れた考え方が光となって、そのビジネスの中心を貫《つらぬ》き、成功へと導《みちび》く働きがあるということです。

もちろん、ビジネスマンはもとより、あらゆる生活者は、想念《そうねん》を正し、嬉《うれ》し嬉《うれ》し、楽しく楽しい生活を営んでいかなければなりません。クリーニングハートは、どこの世界でも大切なことです。

このような想念《そうねん》を正すという基礎の上に立って、如意宝珠《にょいほうしゅ》の城の内に住める軍勢は、大きな成功と、社会に貢献《こうけん》できるビジネスを提供し、拡大再生産を行い、世界中に供給し、あまねく神人類《しんじんるい》へと向上していく幸福なプロセスを辿《たど》れるのです。

如意宝珠《にょいほうしゅ》の城の内で団結するパワー

二十一世紀においてこのような如意宝珠《にょいほうしゅ》の城の内に住める企業という考え方は、非常に大切なものであると考えます。なぜなら、二十一世紀のビジネスは宇宙エネルギーと関連して、私たちに健全な生活環境や健全な社会行動を起こさせるからです。

人類が健全なＤＮＡというものを得ている以上、治らぬ病《やまい》はありません。治らぬ病《やまい》はないということはどういうことかと言いますと、すでに完結された設計図が私たちの肉体の中に存在するということです。あらゆる病気をすでに修復する力が強く強く内在するということです。

　生き生きとしたこのような設計図は、治るべくして絶対に治るのであり、そのプロセスの中に、嬉《うれ》しくも、宇宙からのすばらしいエネルギーが介在《かいざい》するということです。絶対健康の波動《はどう》は、神の光と生理的遺伝子の奇《く》しみな結合によって、絶対の完成が計《はか》られるのです。これがクリーニングハートの明らかな、そして感謝される当たり前の健康なのです。だから病気は絶対に治るのです。

　以上のような理由からも理解できるとおり、健全な企業の経営設計は、必ず、宇宙エネルギーの介在《かいざい》によって、すばらしい成果を上げるビジネスとなり、具現《ぐげん》されるのも当然の理《り》です。今般からは、強いエネルギーの方向性を持って遺伝子医療科学、バイオ　テクノロジーを応用した再生健康などの超最新科学が強く開発されていくでしょう。

　如意宝珠《にょいほうしゅ》の城の内に住む企業の軍勢は、二十一世紀からのすばらしい宇宙エネルギーを、清らかに、無限にいただくことができます。どのようにして清らかに無限にいただくのかということは、すでに知っているはずです。きれいな心に宇宙のエネルギーが流入するということがわかっていますね。

　心はクリーニング　ハートというものの考え方によって、誰でもが、清く、きれいにすることが可能であるということがわかっています。ヘルシーな真心《まごころ》は如意宝珠《にょいほうしゅ》の城の内に住める光のエネルギーによって強く生かされていくことができるということが理解できるのです。

イメージング　ワールドの中で遊んでみましょう。光でできた、大きな如意宝珠型《にょいほうしゅ》のクリスタルです。光でできた大きな如意宝珠型《にょいほうしゅ》のクリスタルがあなたの大きなお城です。この如意宝珠《にょいほうしゅ》のクリスタルは光でいっぱいです。光でいっぱいの如意宝珠《にょいほうしゅ》のクリスタルは、大きなお城を囲《かこ》っています。

城の中には強い仲間たちが大勢《おおぜい》住んでいます。城の中の大勢《おおぜい》の人々は、大きな愛によって連帯意識がはぐくまれて、生き生きとしています。城の内の人々はいつも楽しく語り合います。のどかでありながら、決められたことはいとも俊敏に実行に移されます。団結のすばらしく強いパワーは、あふれんがばかりの勢いとなって具現《ぐげん》されています。

このようなイメージング　ワールドを、おのおののビジネスマンが持ち続けて、サクセス　ビジネスの中心によいエネルギーを流し続けましょう。座っている時も、光、如意宝《にょいほう》珠《しゅ》の城を中心点に置き、歩いている時も、光、如意宝珠《にょいほうしゅ》の城を摩尼光明《まにこうみょう》に置き、そして寝ている時も光、如意宝珠《にょいほうしゅ》の城を、へそ下三寸の所に置きましょう。

安定した生活とエネルギー環境が優良に保《たも》たれてこそ、世界的ランキングの優秀なビジネスがサクセスへと導《みちび》いていかれるのです。爛々《らんらん》とまばゆい太陽を背にして、大愛《だいあい》のあふれるビジネスを敢行《かんこう》することの嬉《うれ》しさを味わうことのできるのが、ここで言われているサクセス　ビジネスなのです。

サクセス　ビジネスへの鉄則

スーパー　リラックスのできる、コンフォータブルなビジネスには、必ずサクセスの鉄則があります。そこで、サクセス　ビジネスに導《みちび》く道、いわゆる鉄則を、ここでは考えてみることにしましょう。

ハイ　グレードなビジネスというものは、十兆円の商品であれ、百円の商品であれ、そこには必ずスーパー　リラックスのできるコンフォータブルなサクセス内容があります。人々を魅力と落ち着きと安らぎで包んでくれる何かが秘められているのが、サクセスの要件と言えるのではないでしょうか。

世界中を市場に持つ百円のエンピツ一本においても、そこにはスーパー　リラックスできるコンフォータブルな何かが秘められています。薄利多売《はくりたばい》な商品であるとは言え、ハイグレードなスピリッツを損なうことはないのです。もちろん、十兆円のビッグ　プロジェクトによる商品、あるいは企画事業においても、当然、スーパー　リラックスのできるコンフォータブルな内容が、深く堅固《けんご》に構築されています。

我々ビジネスマンは、スーパー　リラックスできるコンフォータブルな諸条件や諸内容というものが、いったいどのようなものであるかということを、十分検討《けんとう》していかなければなりません。このようなことの実証《じっしょう》的検証《けんしょう》と、企業目的の合一《ごういつ》性を十分にわきまえて展開していくことが、サクセス　ビジネスへの手がかりとなっていくでしょう。

スーパー　リラックスのできる企業設定

スーパー　リラックスのできるコンフォータブルな企業設定とは何かということに関して述べることにしましょう。

すばらしい絵画は美術館の中に存在するだけで、人々の鑑賞する心と目を和《なご》ませることができます。スーパー　リラックスとは、きわめて芸術性に近い、人間性への感動を与え続けてくれる何ものかということになるのではないでしょうか。

研《と》ぎ澄《す》まされた芸術性は、まさにハイ　グレードな香り高いビジネスを社会に提供してくれるものです。香りの高い事業やその商品は、社会の常なる注目を浴び、需要《じゅよう》刺激を与え続けるものです。顧客《こきゃく》はそのような商品を手に取り、目で見て、そして全体の感覚、いわゆるフィーリングをもって満足感を表すことになります。

事業者にとって、顧客《こきゃく》の満足感は非常に重要な指標《しひょう》です。顧客《こきゃく》の緊張感を取り除くためには、あらゆるものが平易《へいい》でなければなりません。ハイ　グレードなサービスを維持《いじ》するためには、過剰《かじょう》な疑いの心を消却《しょうきゃく》させなければなりません。何よりもほんものを追求し、実現していかなければならないのです。ほんものの感性を顧客《こきゃく》に与える事業、そして商品、そのような物事《ものごと》や物品は、完成度をはるかに成熟《せいじゅく》させていく必要があるのです。

意外なことではありますが、そのような完成度の高い成熟《せいじゅく》した事業や商品は、物理的要素よりもはるかに先に、精神的完成度の高い理念によって構築されるというのが、サクセス　ビジネスの道であるということに気づくでしょう。

その事業には、顧客《こきゃく》として緊張感はない。そして不安感もない。ましてや疑念《ぎねん》する心を持つ必要はまったくない。そういったスーパー　リラックスな状態を与えることこそが、ここで言われているサクセス　ビジネスへの道なのです。

人類的ニーズを見極《みきわ》める

ビジネスマンが堂々と、ゆったりと、確実に歩んでいくためには、どのようにすればよいのでしょうか。

先ほど、商品の物理的要素は応用であると言いました。物理的応用の具現《ぐげん》を図《はか》る以前に、精神的グレードの高い、満足のいく指標《しひょう》が必要なのです。企業においてハイ　グレードな精神性の指標《しひょう》を維持《いじ》するということは、非常に重要なテーマであり、事業発展のための基本的スタンスに関わることです。これは企業経営の全体に関わることではありますが、ここでは単一の事業や商品ということに絞《しぼ》って話を進めてみたいと思います。

アイディアを世界的ランキングのニーズに乗せるためには、人類的ニーズと欲求がなければなりません。

もちろん、骨董品《こっとうひん》のごとく、寡少《かしょう》商品とマイナー顧客《こきゃく》による十分な存立関係ということもありますが、ここでは一般企業を基本として考えてみる時に、人類的ニーズと欲求がその事業や商品に託《たく》されているということが言えます。一般的に目利《き》きと称《しょう》されるビジネスマンは、人類的ニーズのあるヒット商品を正しく見極《みきわ》めるために、アイディアの博覧会《はくらん》に足を運びます。

そのような中で、目利《き》きのビジネスマンたちは、その商品の精神的ハイ　グレード性を必ず見抜くというプロセスを用いるのではないでしょうか。世界中で愛用されているトップ商品には、どこかにハイ　グレードな精神性を見ることができます。

ハイ　グレードな精神性は、まさに人類愛そのものではないでしょうか。人間がいかに楽しくなれるであろうか。人間がいかに愉快《ゆかい》になれるであろうか。人間がいかに健康であれるであろうか。そういった根元的側面から出発し、あらゆる物理的、科学的、生物的側面によって応用され、具現《ぐげん》されていくのです。

このようなことから、優《すぐ》れた商品、あるいは事業というものは、人類愛そのものと言うことができるのであり、そのような深い思いの発露《はつろ》が具現《ぐげん》したビジネスこそがサクセスビジネスと言えるのです。

目利《き》きのビジネスマンは、テクニカルな進歩のみに関心があるのではなく、テクニカルな進歩の上に立つ基盤《きばん》的グレードの高い精神性、人類愛を伴《ともな》う美しい商品に目を見張ります。

グレードの高い精神性は、〝サムシングエルス〟という、得難《えがた》く、不思議にして、在《あ》りてある存在の、すばらしいエネルギーを身体《からだ》中に感じ取ることができます。それを意志力によって表現するというプロセスが、さまざまな商品へのスピリットとなって与えられていくのでしょう。

さらに、ハイ　グレードな精神性は、事業や商品に安全と安心を与えるものです。そのような安全や安心は、今日ではオートマティックなセキュリティとなって常備されていま す。芸術性に近い感動を与えるハイ　グレードなトップ商品は、研究者やビジネスマンのより多角的で深い洞察《どうさつ》と具体的応用等の錬磨《れんま》から、より優《すぐ》れたものへと再生産されていくでしょう。

最高の生活は、ほんものの基盤《きばん》から

最高のビジネスを展開しましょう。ワールド　ワンのビジネスはあなたを待っています。あなたにしかできないビジネス、あなたの企業にのみ可能なビジネス、このような特異なビジネスを追求し、発展し、成長させ続けましょう。

世界平和のすばらしいポリシーは優良な企業から具体的に生産され続けるということが、人類的要求として求められ続けています。

従いまして、人類的需要《じゅよう》は、その企業にあまねく存在するということにほかなりません。人間は物理的要素のみでは満足できないという、おもしろい高等生物です。人間は精神性に価値を置くのです。花壇の連《つら》なる花々を見て感動し、夜空の天の川に駆《か》ける流れ星に願いをかけるのも、人間のすばらしいロマンあふれる特性でもあるわけです。

広々とした小高い丘の中腹《ちゅうふく》に立ち、下方を眺《なが》めてみますと、広々とした森が広がり、開かれた道が幾重《いくえ》にも延びゆきています。ビジネスマンはビジネスを介《かい》し、最高のビジネスを提供せんとし、日々、楽しく生かされていることに感謝し、有望なビジネスと末広がりの市場を開拓《かいたく》しつつ、成功という道程《どうてい》を歩んでいくことができるのです。

それは、最高生活の基盤《きばん》がほんものであるからです。ほんものを基盤《きばん》とするビジネスマンは、最高の生活を一般的水準とすべきです。

世界的有名な芸術家はキャンバスに自《みずか》らの最高の芸術性を描《えが》き出しています。その最高の芸術性は、まさに感動の極《きわ》みであり、美しき人間性を普遍に表現するものです。ビジネスマンもそのような心境に立って、あらゆるビジネスを展開し、大きく社会に貢献《こうけん》することができるのです。より良き事業や、より良き商品は、最高の生活を基盤《きばん》とするほんものの発想によって生み出されることが、歴史からも明らかです。

このような日常的、芸術性の高い、健全な精神的生活は、豊かな発想を産出し、明晰《めいせき》な想像力を生み出すことができるでしょう。このようなことから、ほんものの基盤《きばん》の上に立つビジネスマンは、最高の生活を一般的水準として、人類的、正しい、見通しの明るいビジネスを展開する必要があると思われます。

軽率《けいそつ》な思想グループを排斥《はいせき》し、太い光の光明《こうみょう》を基盤《きばん》とするほんもののビジネス展開を実行することこそ、現在、未来の人類より強く要求されていることであり、根強い需要《じゅよう》がそこに存在するのであると言えるのです。

最高ビジネスをエンジョイしましょう。最高生活をエンジョイしましょう。健全な精神と肉体をエンジョイしましょう。このようなすばらしき生活と豊かなビジネスは、宇宙の根本的真実と、真義による正しい流れから無限に生じるのです。

私たちは感謝できるのです。私たちはすばらしい現実を実行することができるのです。私たちは幸福の集団を押し広げることができるのです。宇宙界の正しき神霊《しんれい》に感謝し、その神霊《しんれい》様の流れに浴することができるのです。それは、我々ビジネスマンが常にクリーニング　ハートを実践《じっせん》し、正しき想念《そうねん》に一致《いっち》した生活を心がけているからにほかなりません。

ビジネスマンは神の信託《しんたく》性金剛身《こんごうしん》なり

我らビジネスマンは、ユーモアを解《かい》しながら、常に冷静沈着《ちんちゃく》でなければなりません。この冷静沈着《ちんちゃく》という想念《そうねん》と態度は、いつでもどこでも、あらゆる局面で、二十四時間、年中そうでなければならないのです。

一般的に、感情は芸術を理解する上で非常に重要な要素ではあります。しかしながら我らビジネスマンは、ビジネスの判断に感情をまじえてはならないのです。物事《ものごと》の決定材料や数字に感情を入れてはなりません。判断材料に感情を介さないことによって、正確で、間違いのない、ヘルシーな決断をなすことができるのです。

これはまた、非常に常識的な判断に落ち着きうる要素を持っています。我らビジネスマンの想念《そうねん》世界では、感情は芸術的範囲で楽しむべき対象です。ビジネスの世界においては理性的であり、冷静な判断が一〇〇％求められるのであり、理性的な目で、多元的な前方《ぜんぽう》を注視し、健全で安全な判断を下す必要があります。

そして、このような判断は、ビジネスマン本人が独自で下す必要があります。ビジネスマンの決断において、さまざまな人的要素の介入や、思想干渉《かんしょう》等があっては決してならないのです。

もっとも、正確な判断を求めるために、高所大所《こうしょたいしょ》に立ち得る社会的なアドバイスを収集することは、時として必要です。ビジネスマンはいろいろな常識的、あるいは社会の動向を正確に見極《みきわ》めて理性的に物事《ものごと》を処理していくということが大切であるからです。長期的スパンで考慮《こうりょ》されるべきことは、いわゆる天の時、地の利、人の輪、時局の状況判断等を経営戦略の前途《ぜんと》に明瞭《めいりょう》に描《えが》き、決断することが求められます。

ビジネスはチャンスが無限に存在し、その無限のチャンスから健全なる最大の社会利益を生み出すことが可能です。このような創造を、神の信託《しんたく》性金剛身《こんごうしん》と称《しょう》することができるでしょう。

神の信託《しんたく》性金剛身《こんごうしん》とは、神の信託《しんたく》による性《さが》、神の性質と記して神の信託《しんたく》性と表します。そして金剛身《こんごうしん》とは、ダイヤモンドの「金剛《こんごう》」、そして身体《しんたい》の「身《しん》」と記して金剛身《こんごうしん》と表します。

従いまして、神の性《さが》を持つ我々は、金剛身《こんごうしん》という精神と肉体を持つことができるということなのです。これは、簡単ではありますが、そこに含まれる意味内容は、深い光明《こうみょう》と、強い理性に貫かれた、いわゆる神の知としての聡明《そうめい》な利益と守護の働きです。このような働きこそが、社会的な大きい利益を生み出す基《もと》となるのです。

もちろん、企業にあってのビジネスマンは、社会的利益創造が、いわゆる企業の利益と直結するものであり、ビジネスマンの成果として評価され得るものです。ビジネスはかくの如《ごと》き神の信託《しんたく》性金剛身《こんごうしん》という理性に貫かれた冷徹《れいてつ》なものですから、ビジネスマンは芸術や家庭の温かい団らんのうちにあって、ほどよい感情を楽しく味わうことが最も優《すぐ》れたライフスタイルであると思うのです。

人間には感情があり、それは必要な要素です。しかしながら、前述のとおり、ビジネスの世界においては、物事《ものごと》は感情によって処理されるべきものではありません。理性的に、冷徹に判断し、処理していく必要があります。

そこにこそ、ビジネスの社会においてもチャンスは無限に存在し、その無限のチャンスの中からキラキラと輝く成功の種《たね》を発見し、育成し、成長させ、そして大きな果実として社会的に成功を収めることができるのです。

　また、それでこそ我々ビジネスマンは、あらゆるビジネスのプロセスにおいて、そしてビジネスのはじまりからビジネスの終了に到《いた》るまで、神の信託《しんたく》性金剛身《こんごうしん》なりと称《しょう》することができるのです。

　このように声高らかに宣言できるビジネスマンになることこそが、世界をリードするビジネスマンであるのです。

神の信託《しんたく》性という言葉の持つ意味

　ここで、神の信託《しんたく》性という言葉をもう少しくわしく説明しましょう。

　神の性《さが》を持つということは、言葉を換《か》えて解釈《かいしゃく》すれば、神様であればこのような働きがあれば喜んでくださるであろう、神様であればこのような仕事をなせば楽しんでくださるであろうという意味にも解《かい》せます。しかしながら、このような神の信託《しんたく》性は、前述のとおり、非常に理性的であり、神知《しんち》に基づく事柄《ことがら》です。感情は入れません。ということは、神様を理性的な方法によって喜ばせるノウハウは、どのような事柄《ことがら》であろうかということを仔細《しさい》に検討《けんとう》していく必要があります。

このような事柄《ことがら》を十分に検討《けんとう》した上で、仕事のノウハウを決定し、もろもろのビジネスの内容を決定していくのが、ここで言うところの神の信託《しんたく》性という言葉の範囲であり、限定です。神の信託《しんたく》性という言葉の指し示す範囲を逸脱《いつだつ》しないように、厳格《げんかく》な理性をもってビジネスの路線を確定していく必要があります。大成功を収めるビジネスは、そのビジネスの中心となる素直《すなお》な判断において、神の信託《しんたく》性金剛《こんごう》身を全うする必要があります。

このような神の信託《しんたく》性金剛《こんごう》身のビジネスを、常々《つねづね》実行することによって、大成功を無限的に創造していくことができるのです。神の信託《しんたく》性金剛《こんごう》身の前途《ぜんと》には濁《にご》りはなく、調和した光明《こうみょう》の先見歴然《せんけんれきぜん》なるビジョンを見通していくことができます。何にも負けない、誰にも負けない、己《おのれ》にも負けない、このような強さが神の信託《しんたく》性金剛身《こんごうしん》にはあるということなのです。

神の信託《しんたく》性金剛身《こんごうしん》のライフスタイル

我らのビジネスは神の信託《しんたく》性金剛身《こんごうしん》なり、という根本的発想からさまざまなことが導《みちび》き出されることを理解しました。特に、冷徹《れいてつ》な理性的判断に貫かれた絶対的成功の正確な判断、社会的勝利へ導《みちび》く優良な決済、そして我らが企業を最大に有利に導《みちび》く方法。このような、企業にとってはまことに枢要《すうよう》な事柄《ことがら》を、完全に成就《じょうじゅ》してくれる発想の根本が神の信託《しんたく》性金剛身《こんごうしん》に基づく理性的判断であるということが明瞭《めいりょう》に理解できます。そこにはごまかしはなく、曇りもなく、濁《にご》りもない。まことに明瞭《めいりょう》な、何にも、誰にも左右されない、神の信託《しんたく》性金剛身《こんごうしん》に基づく決断があるということです。

しかしながら、神知《しんち》はあらゆる事々《ことごと》において超越《ちょうえつ》し、濁《にご》りを消去せしめながら、健全なる無限のチャンスをそこに創設し、理性によって無限の発展を出現させていくことができるのです。それは、この神の信託《しんたく》性金剛身《こんごうしん》という言葉の中に含んでいることを忘れてはなりません。

大きく透明なダイヤモンドには、何の濁《にご》りもなく、何の曇りもなく、何のかすみもありません。光はキラキラと反射し、その輝きには何の感情もありません。だからこそ、大きな透明のダイヤモンドは美しいのです。

かくのごとく、ビジネスも、我らが日常の生活においても、神の信託《しんたく》性金剛身《こんごうしん》という轍《てつ》をもって生活するならば、ビジネスはもとよりあらゆる生活、日常において、透明でキラキラと輝くハッピーなライフスタイルを表現していくことができるでしょう。

ほんものの神の信託性《しんたく》金剛身《こんごうしん》というライフスタイルを、じっくりと味わってみてください。きっとすばらしい未来が見えてくるでしょう。そして今日の幸福を感謝することができるのです。

生き生きとした神の信託性《しんたく》金剛身《こんごうしん》の生活に感謝しましょう。生き生きとした神の信託性《しんたく》金剛身《こんごうしん》のビジネスに感謝しましょう。なぜなら、すべからく、成功と完成が待っているからです。

仕事を取れ、契約を取れ

ジェントルマンは仕事を取り、契約を交わすのが仕事です。ビジネスの世界では仕事を取りましょう。双方によい契約を交わしましょう。どんどんよい仕事を取りはじめると、止まらなく仕事が入ってくるものです。それはよい仕事をしている証《あかし》でもあります。

仕事は取りましょう。そして自分の力量では応《こた》えられない場合は、上のプロフェッショナンにお任せしましょう。自分の力量で応《こた》えられると判断した時は、何が何でも、その仕事をなし遂《と》げましょう。大きな仕事であればミニマムなモデルを使って、小さなトライを数多く繰《く》り返し、そのデータを緻密《ちみつ》に検証《けんしょう》してみましょう。

ビジネスは仕事の全体を成功させるのが任務です。全体のサクセスのためには部分、部分のコストにあまりこだわる必要はありません。小さな部品のコストにこだわり過ぎるために、全体のサクセスへの影響があってはならないのです。

安全性、成功率向上のためのよい影響であれば、当然、問題はないのですが、部品、部品のコストのみの評価による採用は、きわめて排除《はいじょ》しなければならない事柄《ことがら》です。全体的なサクセスを貫徹《かんてつ》させるためには、ミニマムなトライを数多く検証《けんしょう》し、そのデータを基《もと》に、ビッグ　ビジネスへの攻略を正確に積み重ねていく必要があるのです。そのためには小さな部品のコスト計算だけで安易《あんい》な判断を下さないことが、非常に重要です。

マネジメントの世界でも、平和な商業の世界にあっても、戦略と戦術という言葉が使われます。ビッグ　ビジネスにおいては、まずそのビジネスがサクセスする、あるいはさせる、ということが、戦略上の重要事項となってきます。これは必ず勝利させねばならないビジネスか、それとも、単なるデモンストレーションでよいのかどうかということも含めて、十分考慮《こうりょ》しなければならない事柄《ことがら》です。

ビッグ　ビジネスにおいて、これは必ず勝利させなければならないというビジネスであれば、当然、戦略上必ず勝たねばならない。ということは、必ず勝てる戦略をもって臨《のぞ》まなければならないというのが定石《じょうせき》です。

必ず勝利させねばならぬのであれば、この定石《じょうせき》をフルに活用し、戦略上さまざまな要素をその必勝という焦点《しょうてん》に合わせて活用し、集合し、集中させ、点火させねばなりません。戦術は、このような戦略上絶対勝たねばならぬという諸命題から発する常識的範囲のうちにおいて、成就《じょうじゅ》されるべき事柄《ことがら》です。

戦略には、循環《じゅんかん》回復しながら方向性を示していかなければならないことが往々《おうおう》にしてあります。企業も生き物ですから、新陳代謝《しんちんたいしゃ》し、怪我《けが》があれば修復改善し、健全な営業を展開していかなければなりません。このような段階を踏んでくれれば、すべてのビジネスに際《さい》して、大いに明るい、成功率のきわめて高い、ハイ　クオリティな絶対的優良な結果となって必ずもたらされるのです。

企画に際《さい》して生物的成長の段階を考えてみますならば、健常な発育展開を計《はか》り、人間が少年期あるいは大人になってからにおいて好事《こうじ》に興味を持ち、鋭意《えいい》その部門に努力を傾注《けいちゅう》し、世界ランキングにまで評価をえることができるが如《ごと》く、そして人間が持つ本源《ほんげん》的ホメオスタシィの活力を自《おの》ずと天地の力により、いわゆる充電するならば、生物的健常な再生が絶対的に可能なのであり、ニーズに対抗するところの無限的供給があるのです。前述のとおり、企業は生き物であり、常に健全循環《じゅんかん》しているのです。これを永続的に栄えさせるかどうかは、もちろん、企業のビジネスとしての戦略上の判断にあるというのが、サクセス　ビジネスの要《かなめ》になってきます。

企業が生き生きと生成発展し続けるためには、ビジネスマンは仕事を取り続ける必要があります。そしてよい契約を交わし続ける必要があるのです。

さぁ、ビジネスマン、ジェントルマン、仕事を取りましょう。よい契約書を交わしましょう。優良な戦略に従ってすべての機能は回復しています。すべての細胞は新陳代謝《しんちんたいしゃ》し、健常な五感を働かせることができるのです。すでに疾病《しっぺい》は改善され、すこやかに、見通しは明るく、健全に機能することができるのです。企業を生物的、あるいはホリスティックな完治療法によって優良企業へと導《みちび》くことができるのです。

膨大《ぼうだい》なビジネスは整理整頓《せいとん》して組み立てていきましょう。大きなビジネスほど、ミニマムなモデル　トライを行いましょう。平和な商業の戦略を重視しましょう。そしてビジネスマンは大いに仕事を取りましょう。契約を交わしましょう。そして我らビジネスマンは、最上級のシャンパンを飲み干しましょう。

論告求刑

悪魔に論告求刑を与えよう。犯罪者に論告求刑を与えよう。災《わざわ》いを奉賛《ほうさん》する者に論告求刑を与えよう。

物事《ものごと》のはじめを行う前に、追難《ついな》を行いましょう。あらゆるビジネスは、どのような業種であれ、すべて神の信託《しんたく》性な行いであり、生業《なりわい》です。大きな船をつくる企業から一枚の煎《せん》餅《べい》をつくる業者まで、皆等しく神の信託《しんたく》性なのです。いかに私企業が利潤《りじゅん》追求の目的をもって生業《なりわい》をはじめようとも、そのビジネスのはじめから終わりまですべてが神の信託《しんたく》性なのです。

ビッグ・ビジネスを完成させるためには、それ以前の問題として、あらゆる生活時空間から犯罪を除去《じょきょ》せしめねばなりません。これは企業のセキュリティであり、企業を存立せしめるための生活安全上のセキュリティです。

食《しょく》に関する企業においては、より一層の安全上の注視が履行《りこう》されねばなりません。お客様相手の商売にあっては、お客様に不愉快《ふゆかい》をもたらすことがないようにすることはもちろんのこと、飲食の安全により細かな安全と注視が必要です。ビジネスの世界にあっては、このような安全上の問題は厳格《げんかく》に対処し、未然《みぜん》に何の障《さわ》りもなく、快適、安全に業務が履行《りこう》されるよう、システム設計をしなければならないということです。

理想社会においては、犯罪はいっさいありません。したがって、警察官も、裁判官も、検事も、弁護士も存在する必要がありません。なぜ犯罪がまったくないかというと、理想の社会ではすべての人々がクリーニング　ハートをマスターしているからです。よからぬ思いを持つ人が一人もいないわけですから、犯罪の起こりようがないのです。理想社会に存在する動物らも心得違《こころえちが》いを起こすことはありません。動物は、動物としての天命を楽しく成就《じょうじゅ》し、その生命を終えるのです。

観世音菩薩《かんぜおんぼさつ》の真心《まごころ》を持つ

私たちの現実の社会にあっては、私たちの足元を光明《こうみょう》に輝かさなければなりません。理想社会は、私たち一人ひとりの心得《こころえ》により、その集合によって理想社会が実現されるのです。理想社会は現実の中に創造することができるのです。

あらゆるビジネスは神々《こうごう》しいものです。あらゆるビジネスは観音様《かんのん》の菩提心《ぼだいしん》から発し、実現されるものであるからです。

銀河のすべてを観世音菩薩《かんぜおんぼさつ》の波動《はどう》で充満《じゅうまん》させましょう。すべて善なる波動《はどう》で貫かれることができるのです。それは、私たち一人ひとりが強い観世音菩薩《かんぜおんぼさつ》の真心《まごころ》を持ち、その強い理念を発することにより、集団が観世音菩薩《かんぜおんぼさつ》の大きな光の塊《かたまり》となり、その光の輪が銀河系へと広がっていくからです。これはまことにすばらしいことです。心得違《こころえ》いをした者は、その光の波動《はどう》に触れるやいなや、心を改心し、正しい解座《げざ》の行《ぎょう》に協力するでしょう。

ご処置の神々に感謝し、すがすがしい人生を感謝して送りましょう。人間の努力と科学の力で、一〇〇％の実行をすませれば、一％の神様のお力添えにより一〇一％の大成功を納《おさ》めることができます。

そのようなわけですから、ビッグ　ビジネスをなす前には、追難《ついな》を行うことが好ましいと言えるでしょう。常に足元を照らしながら、精神面を高い次元に置き、高邁《こうまい》なる指針《ししん》によって、ビジネスの全プロセスを、祝福された楽しく、嬉《うれ》しく、安全な、そして快適な労働を成就《じょうじゅ》し、大成功の完成を見ることができるのです。

ビジネスの世界はもとより、あらゆる生活の諸側面に際《さい》して、一%の神様のお力は、人間世界では到底《とうてい》なし得ない、つくり得ることができない、途方《とほう》もないお力ですから、たとえようもない大変すばらしいエネルギーであるということが理解できるのです。

私たちは、このようなことを踏まえて、日々努力する必要があります。広大な銀河に輝く天の川の流れを見る私たちのアース　スターにも、神様の定める律動《りつどう》があり、宇宙の理法が厳格《げんかく》に存在するということを理解する必要があります。

このような神様の流れに正しく波長を合わせ、ビッグ　ビジネスを路線に乗せることがビジネスマンの成功のための秘訣《ひけつ》と言えるのではないでしょうか。

このような理法に適《かな》うように、私たちの生活を、健康に立脚《りっきゃく》し、尊守《そんしゅ》すれば、国家はより大きく健全に発展し、企業は利用者から大きく感謝され、豊かな利潤《りじゅん》を生み出していくでしょう。

銀河に流れる宇宙の理法は、反逆する邪《じゃ》らを消滅《しょうめつ》させたのです。悪義をなす波動《はどう》や想念《そうねん》は、どのような次元にも存在できません。これが宇宙の理法の実現です。闇は消え、曇りは消え、濁《にご》りは消え去ったのです。輝く光明《こうみょう》がはるか宇宙の先から我らが手元まで、鮮《あざ》やかに、正しく、見ることができるのです。その時は、今、ここに実現され続けているのです。

無意識想念《そうねん》の浄化《じょうか》

サクセス　ビジネスはもちろんのこと、あらゆる人生の生活に際《さい》して、各人間自身の無意識層を浄化《じょうか》するということはきわめて重要なことです。無意識層を浄化《じょうか》せよとは、どういう意味なのか。

無意識想念《そうねん》に対する言葉は意識です。

私たちは健常の意識体で生活するのはもちろんのことですが、その意識されない奥底に、無意識想念《そうねん》が、深く、ゆったりと、大きな基礎となって、人間を支えているのです。したがって、この人間を支えるということは、健常な意識体を支えている大きな基礎が無意識体であるのです。

この大きな無意識体が浄化《じょうか》され、立派に、深く、ゆったりと、私たちの健常な生活を行う意識体を支えているならば、あらゆる事象《じしょう》に対して的確でサクセスに導《みちび》く判断や言葉が現れます。

しかしながら、ただ単にゆったりとした深い無意識想念《そうねん》がおのおのの人間に、何の努力もなく、何の働きかけもなく、私たちによい影響を与えてくれるかと言いますと、そうではなく、やはり何がしかの努力が必要でしょう。その努力は、人為《じんい》的な努力はもちろんのこと、幼少時の何気ないしつけによってもたらされることもあります。このような場合は、自《みず》らの努力というよりは、健全な幼少時の他動的な優秀なしつけがその集団ないしおのおのの人格に潜在意識からの光り輝く玉《ぎょく》として与えられるのです。

このようなことから、いずれにしてもすばらしい人生を、そしてすばらしい健常な意識体を、日々、自由自在に発動せしめるためには、自《みず》らの潜在意識を浄化《じょうか》させる必要があるのです。

蓮《はす》の純白華《はな》続き

どのようにして無意識想念《そうねん》を浄化《じょうか》していけばよいのでしょうか。

厳密《げんみつ》に言うと、無意識体と無意識想念《そうねん》とは別ものです。この区別を大まかに説明しますと、無意識体というのは大きなキャンバスです。この大きなキャンバスに絵の具と筆をもって描こうとするエネルギーが、無意識想念《そうねん》であると言えるでしょう。

ビジネスを成功させるためには、ビジネスマンの意識が常にサクセスへと導《みちび》くための意識が活動しなければなりません。そのためには、先ほど述べたとおり、健常な意識体を支える無意識体が、深く、大きく、ゆったりと、健全と大成功へ導《みちび》く無意識体で満たされ、その無意識体に、健全と大成功へ導《みちび》く見通しが明るく美しい画像が描《えが》かれているということが必要です。簡単に言えば、意識体の基礎である無意識体を、しっかりとさせるということです。

神様は偉大な遺伝子を人類に与えたわけですから、この遺伝子の中に眠る無意識体をフルに活動させ、健全で大成功へ導《みちび》く無意識想念《そうねん》をしっかりと描《えが》き、意識体へ強く働かせ、実現させていかなければならないのです。

換言《かんげん》するならば、無意識体を完璧《かんぺき》に浄化《じょうか》させ、その無意識体に絶対的健康と絶対的成功のまさに必勝あるのみの画像が、清らかに描《えが》かれていれば、それは広大にして深い無意識体からの発露《はつろ》という命令によって人間のあらゆる意識に働きかけ、そして絶対的健康とあらゆる人生への成功を具現《ぐげん》させるのです。これは、私たちの人生を成功へ導《みちび》くため、あるいは設計するために、非常に重要なことです。

無意識想念《そうねん》に、美しき、純白な、蓮《はす》の純白華《はな》続きを、広大に描《えが》いてみましょう。真上には輝く太陽があり、そして前方《ぜんぽう》、右、左、そして自《みずか》らの背後も、すべてきれいな純白な蓮《はす》の華《はな》で満たされています。見渡す限り、蓮《はす》の純白華《はな》続きです。そのような美しき、浄化《じょうか》された想念《そうねん》を、無意識体を浄化《じょうか》して、描《えが》きましょう。

それは天国の別世界ではないのです。このアース　スターの上に立ち、日常の生活の中心において、その広大な映像が具現《ぐげん》されるのです。無意識体の広大な、浄化《じょうか》された、純白な蓮《はす》の華《はな》たちが、私たちの日常の意識化された生活の中に間断《かんだん》なく、完全に具現《ぐげん》されるのです。純白な蓮《はす》の華《はな》は、永遠に、純白な華《はす》の華《はな》としてその美しい威光《いこう》を放ち続けるのです。純白な蓮《はす》の華《はな》に不洗心《ふせんしん》な生命体を宿すことはないのです。

さらにまた、純白な蓮《はす》の華《はな》は不浄《ふじょう》な業想念《ごうそうねん》を介入させません。もっと正確に言えば、純白な蓮《はす》の華《はな》には不浄《ふじょう》な業想念《ごうそうねん》は介入できないのです。

たとえて言えば、太陽にカラスが体当たりしようと思い、何度太陽めがけて飛び立とうとも、それはカラスが地に落ちるばかりです。カラスがいくら無駄《むだ》な行為をなそうとも、太陽は何の影響も受けることはありません。

かくの如《ごと》き、五感や意識体のさまざまの変動にとらわれることなく、生活の中心に、純白の蓮《はす》の華《はな》を具現《ぐげん》させ、浄化《じょうか》された無意識体を基礎として、健全な意識体を常に活動させることができるのです。

このような方法は、サクセス　ビジネスを実現させ、あらゆる人生の成功へと導《みちび》く大切な方法であると考えられます。

観自在《かんじざい》の済生《さいせい》

無意識体が浄化《じょうか》されれば、次に、観自在《かんじざい》の済生《さいせい》という考え方が理解できるのではないかと思います。観自在《かんじざい》の「観」は観音様《かんのんさま》の「観」、自在は「自《みずか》らに存在する」の「在」ですね。自在を観《み》るということです。済生《さいせい》はご承知のとおり、生命を救うという意味ですね。すなわち、観自在《かんじざい》の済生《さいせい》とは、自《みずか》らの存在を直視し生命を助けるということです。これは、自《みずか》らの生命を自《みずか》らが助くることのできる力を、大宇宙は与えているということです。

すべからく、一として己《おのれ》自身の存在を観ぜよ、ということです。そして、自《みずか》らの存在を深く優《やさ》しく、十分に観察できたならば、そこに必ず自《みずか》らが救われの道があるということに気づかされます。必ず救われる道が見つかるわけですから、そこに済生《さいせい》の道を見いだすことができるのです。

　ゴーダマ　ブッダは「自灯明《じとうみょう》」という言葉をよくお使いになられましたが、「自《みずか》らを照らす」という意味は、自《みずか》らの存在を正しく眺《なが》め観察せよと、置き換《か》えて考えればいいでしょう。自《みずか》らの存在が正しく理解できたならば、そこに客観的な、正しい、救われの道があることに、必ず気づくことができるのです。

　このようにして、自《みずか》らの済生《さいせい》の道を、しずしずと、たゆたゆと、力強く歩めば、その前《ぜん》途《と》、左右、後方、すべてにわたって蓮《はす》の華々《はなばな》の如《ごと》く、純白な王道を歩むことができます。観自在《かんじざい》の済生《さいせい》は、このように諸個人の根本的人生の足元を照らすのみでなく、あらゆる団体や企業の済生《さいせい》を図《はか》る、重要なものの考え方です。

　おのおのの企業を、観自在《かんじざい》の済生《さいせい》の立場から、正しく眺《なが》め、正しく観察するならば、必ずやその企業の特徴とするところや持ち味の良さが正しく見えてくるはずであり、その企業が社会からどのようなことを求められているかということを、必ず発見できるはずです。一流の、最高級の、堅固《けんご》な物事《ものごと》を、そして商品を、企業は観自在《かんじざい》の済生《さいせい》の道を見いだすことによって、立派に世の中に送り出すことができ、勝利することができるのです。

　このように、観自在《かんじざい》の済生《さいせい》は客観的、冷静に、自《みずか》らが、そして企業が大宇宙に生かされ生きるという力強い存在に確立していくために、心の点検と等しく用うるならば、爆発的な偉大な力を発揮《はっき》し続けるでしょう。

クリーニング　ハート

クリーニング　ハートは大宇宙の鉄則です。企業はクリーニング　ハートのなされた仲間です。それであればこそ、企業的結集、いわゆる仲間の団結は強いのです。これは企業成長上の構成としての仲間であり、集合であり、あるいは団結であるわけです。

クリーニング　ハートは、諸個人の間ですでに完了されていなければならない性質です。本来、このようなことは小学校の低学年の倫理や道徳において十分に教育されねばならぬ事柄《ことがら》です。クリーニング　ハートという内容を、ここでもう一度確認しましょう。

クリーニング　ハートとは、いわゆる、心を洗うという行為です。どのような心を常に維持《いじ》すればよいのか、ということです。正々堂々とした心持ちとは、どのようにすれば持てるのか。明るい心とはどのようなものなのか。真心《まごころ》とはいったいどのようなことをいうのか。そして、正しい心とはどのような心なのか。そうあるためには、どのようなことを心がけねばならないのか。その答えがクリーニング　ハートなのです。

一　恨《うら》みの思いを持ってはならない。
二　妬《ねた》みの思いを持ってはならない。
三　そねみの思いを持ってはならない。
四　怒りの思いを持ってはならない。
五　呪《のろ》いの思いを持ってはならない。
六　つらみの思いを持ってはならない。
七　イライラ、セカセカの思いを持ってはならない。
八　人に憑依《ひょうい》する思いを持ってはならない。
九　便乗《びんじょう》する思いを持ってはならない。
十　自己中心の思いを持ってはならない。
十一　人を陥《おとしい》れる思いを持ってはならない。
十二　偽善《ぎぜん》の思いを持ってはならない。
十三　理性を失う心を持ってはならない。

十四　過ぎたる欲を持ってはならない。
十五　自《みずか》らの天命を不成就《ふじょうじゅ》させる思いを持ってはならない。
十六　明瞭《めいりょう》な鏡を曇らす思いを持ってはならない。

以上が、クリーニング　ハート十六の説法です。十六の説法が十分理解できたならば、神の定める決定が理解できるはずです。神の定める言葉を神定《しんじょう》と言いましょう。

一　強く生きよ。
二　正しく生きよ。
三　明るく生きよ。
四　嬉《うれ》し嬉《うれ》し、楽し楽しい生活を行い、感謝をもって幸福なまことの人間になりなさい。
五　大宇宙空間の力によって、いっさいの生物は生かされているということを自覚し、世界の平和と宇宙の平和を大きな愛の真心《まごころ》をもって実現しなさい。

以上の五つの神定《しんじょう》と、先述した十六の説法によって、クリーニング　ハートが成り立っています。クリーニング　ハートをマスターするということは、このような説法や神定《しんじょう》を十分に理解し、実践《じっせん》しているということです。

クリーニング　ハートとは、表面的な意識の変動を、自《みずか》らが見るというだけでなく、説法や神定《しんじょう》のとおり、底まで深く心の波動《はどう》を見つめなおすという手続きが必要です。心の底を正しく観察し、心の底を正しく完全に治癒《ちゆ》する、いわゆる底まで完治させるのです。心の底から完治させるプロセスがクリーニング　ハートであり、その研修のはじめなのです。

クリーニング　ハートの基本を必ず守り、その正しい行いを基本として守り抜けるという、必勝の思いを持つまことの人たちは、いかなる災難も除くことができ、いかなる災害も除くことができ、いかなる不注意もその難《なん》から完全に脱却《だっきゃく》することができ、いかなる苦難も耐え抜き力強く再生することができ、いかなる病《やまい》もその病魔に打ち克《か》ち滅却《めっきゃく》し健全な心身を得ることができ、いかなる事故も未然《みぜん》に除くことができるのです。

そして、神様に祝福される、優良にして偉大な環境を得ることができ、健康で、長命長寿にして、幸福な、楽しい人生を送ることができるのです。

科学を一〇〇%活用し、優良世界からの交友を得ながら、すばらしいテクノロジーを応用し、無限に続くすがすがしい大自然に覆《おお》われて、調和した宇宙文明を築き上げることができるのです。その根本が、クリーニング　ハートの完成ということです。

ハッピねずみ

ハッピねずみスターという話をしましょう。

ハッピねずみには、ユトリねずみという妻がおりました。そして五匹のねずみが産まれました。五匹のねずみはすくすくと育ち、立派なねずみになりました。おのおのの一番得意とする、好きな仕事に就《つ》くことができたのです。

一匹めのエンゼルねずみは、とても明晰《めいせき》な考えを持つねずみで、いつも地球は一つになればいいと言っています。世界が平和で一つになり、あらゆる民族がニコニコと平和のうちに暮らすのが一番いいのであると、いつも言っています。

二匹めのアイアイねずみは、力持ちで建設業を営んでいます。世界中のねずみのおうちを建てたり、修理したり、あるいは壊《こわ》してまた新しいおうちを建てたりするのが大変好きなねずみです。

三匹めのゴールドねずみは、ロマンチストで、シンボル　エコノミーのビジネスを行うねずみです。いつも株価や為替《かわせ》の値動きに注目し、世界中を動き回っています。

四匹めは、ケンコねずみです。ケンコねずみは、世界中のねずみが健康で幸せであるように、医療や看護、医薬品などに注意し、世界中の必要なねずみに配給し回っています。いつも忙しく世界中を動き回るのがとても好きなねずみです。

最後の五匹めは、リカバーねずみです。リカバーねずみは、大宇宙と大自然がもたらす完全な治癒《ちゆ》力というものを一〇〇％信じ、リカバーねずみのつくった楽しい音楽を世界中のねずみに聴かせるために世界中を演奏旅行するのが大好きです。

これら五匹の子どもたちのおかげで、家中はいつもにこやかで、ハッピねずみは忙しく、そして楽しい団らんを送っているのでした。ユトリねずみはとても教育が上手で、すべての子どもの特徴と長所を十分に引き出し、ねずみたちの最もふさわしい利益の適《かな》う生き方をさせてあげているのでした。

ハッピねずみは、そのような一家の中で、夜中にぼんやりと感謝しながら夜空を眺《なが》めていました。そしてある夜、お月様を眺《なが》めていますと、お月様の真ん中がぽっかりと、大きな穴があいているのに気がつきました。いったいこれはどうしたことだろう。お月様がドーナツになってしまった。お月様の真ん中の穴からは、お月様の先にある星などが、キラキラと、よく見えています。お月様はどうしたのだろう。

さっそく、ハッピねずみは一家のねずみを招集しました。

ハッピねずみが言いました。お月様の真ん中に大きな穴があいている。いったいこれはどうしたことだろう。エンゼルねずみが一番に答えました。私たちはねずみスターに住んでいるねずみなのよ。お月様にも、お月様に住む生物がいるかもしれない。私たちねずみスターが、お月様のことをあれこれと干渉《かんしょう》するのは、過ぎた話ではないのかしら。お月様のことはお月様にお任せするのが一番いいと思うわ。

そこでアイアイねずみが、ねずみスターには、助け合いの心持ちがあったはずではないか。お月様に何か変事《へんじ》があったに違いない。さっそくお月様に行って修理のお手伝いをしてあげることがいいのではないか。お月様はまん丸か三日月型が常であるから、修復してあげたほうがよいであろう。と言うと、すかさずゴールドねずみが言いました。これは自然環境の大変な変化だから、株や為替《かわせ》が大変動するに違いない。さっそくこの情報を我らがねずみ仲間に知らせ、値動きの変化を的確にとらえ、ねずみ仲間を儲《もう》けさせなければならない。一大チャンスだ。

ケンコねずみは、そんなことをしている場合ではないわ。お月様にも生物がいるに違いない。その生物たちは、お月様にあんなに大きな穴があいてしまったら、さぞ大変なことでしょう。さっそく私たちの持っている医療品などをお月様に届けてあげなければならないわ。と言いますと、五匹めのリカバーねずみが腕組みしながら答えました。うーん、そんなに慌《あわ》てることはないね。お月様が一番好きなまん丸い、美しい形がいいのであれば、必ずお月様自身がそのような形に戻るはずさ。お月様の真ん中に大きな穴があいて向こう側が見えるくらいだから、何かお月様の事情があってそのような形になったのじゃないのかな。僕たちねずみの世界の者が、ああだこうだと言うこと自体、少しおかしいんじゃないの。お月様は、僕たちねずみからすれば不思議な力をお持ちなのだから、きっと何か事情があるに違いない。それは、お月様自身の事情であると思うね。だから、お月様自身が望むような形に修復されると思うよ。

そこで、ユトリねずみが言いました。ダーリン、何かお月様にしてあげたらいいと思うわ。夜空をいつもきれいに、黄色い光で照らしてくれていたんだもの。何かしてあげることはないの。

その前に、子どもであるアイアイねずみの話をもう少し聞いてみようじゃないか。ハッピねずみの問いかけに、アイアイねずみは答えました。僕は建設業だから、鉄鋼材やコンクリートなどをたくさんお月様に運んで、お月様の真ん中にぽっかりあいている穴をきれいに修復したいと思うんだ。お月様の設計図を見せてもらってね。きっちりと直す自信はあるよ。鉄骨材を縦横に張り巡《めぐ》らせてね。そこに、強いコンクリートをたくさん流し込むんだ。きっと立派に修復すると思うよ。

すると、すかさずエンゼルねずみが口を挟《はさ》みました。そのような修復工事なら、夜中お月様を見る時に、とても奇怪《きかい》な修復の跡が見えるのではないかしら。私はありのままの美しいお月様がいいわ。続いてケンコねずみが言いました。みんな物質的な話ばかりしているけど、もっと大切なことはほかにあるんじゃないの。お月様に住む生命をもっと大切にしなければならないのではないかしら。

ゴールドねずみが反論しました。お月様には架空のうさぎさんが二匹いて、お餅《もち》つきをやっているだけさ。この大自然の変化はシンボル　エコノミーの重大な変化の兆《きざ》しだから、これをビッグ　チャンスとして、見通しの明るい利益と配分をなすために、僕らねずみ仲間を総動員して利益を挙《あ》げなければならないと思うよ。

ユトリねずみ。ダーリン、どうしたらいいのかしら。ハッピねずみ。ねずみの世界では神様を認識《にんしき》することはできないけれども、神様が存在されるとすれば、ねずみスターもお月様も、神の流れにすべてお任せするがいいと思うね。神の流れにすべてをお任せし、ゆったりと、そして勤勉に、世界中にねずみの好物を運び、ねずみたちが幸せに暮らせるのが最もよいと思うよ。さぁ、みんな、自分の持ち場に帰りなさい。

さて、あなたならどうしますか？

長寿社会のサクセス　ビジネス

天人《てんにん》は千年を生きます。古代人には、天人《てんにん》に近い寿命を持った人たちが大勢《おおぜい》いたと記されています。我々人類も、幸福にして、二百年程度の長寿を保《たも》ち、ピンピンと、生き生きと、仕事をこなす人たちが出現してきても、何も不思議ではありません。自《みずか》らがおもしろい仕事を持ち、環境がきわめて優《すぐ》れ、楽しい人々の中ですこやかに過ごすなら、いとも簡単に、このような幸福な超長寿生活ができるのです。

そもそも、サクセス　ビジネスは、ビジネスそのものの中におもしろさがなければなりません。おもしろさの日々の繰《く》り返し、おもしろさの日々の研磨《けんま》、おもしろさの日々の探《たん》求《きゅう》が、見通しの明るいサクセス　ビジネスに通じるのです。

二十一世紀は、長寿社会のおもしろいビジネスに大きな花が咲き誇《ほこ》る時代ともいえるでしょう。もっとも、若い人たちは、おもしろいビジネスの中心的立場で芯《しん》のある事業を展開していかなければなりません。どのようなビジネスでも、自《みずか》らの天命に応ずるおもしろいビジネスが存在するはずです。そのような自《みずか》らにとっておもしろいと思われる天命を、早く見つけた方がよいということは、あまりにも明白なことです。

しかしながら、このようなことは、急がば回れのことわざどおり、いろいろな遍歴《へんれき》を経て、自《みずか》らの天命に巡《めぐ》り会った時ほど偉大な成果を上げるというのも事実です。このようなことは、人間の基本的な人生の選択です。

おもしろいビジネスの継続《けいぞく》

もう少し社会的なビジネスに関して述べることにしましょう。

どのような事業であろうと、どのような商品であろうと、どのような団体づくりであろうと、もろもろの人間、集団、社会が、いずれ利益が得られるという保証がなくてはおもしろくありません。これは言葉どおり、人間の集団や団体が、何らかの利益が得られてはじめて、おもしろさが存在するということです。

一人の人間が社会に奉仕《ほうし》し、その奉仕《ほうし》はビジネスと解《かい》してよいわけですが、社会は一人の人間を安定的幸福になすがための保証を行う。そのような関係が、知的生物としての社会性ある人間の生き方です。

サクセス　ビジネスを成就《じょうじゅ》し、そのおもしろさを継続《けいぞく》して営《いとな》むためには、どのようなことをチェック　アップしていけばよいのかということを検証《けんしょう》してみましょう。

基本的には、通常、一人の人間にとっておもしろいことは、多くの人たちにとってもおもしろいはずです。これは倫理的には、自分にとって幸いなること、自分にとって楽しいことを、多くの人々になせ、という格言に通じています。これはきわめて常識的な道筋《みちすじ》です。

こうした単純な論理は、サクセス　ビジネスにとって、きわめて重要なことです。このようなことは、すべて大衆指向、大衆必要商品のみを、大量に供給せよ、という意味だけではありません。もちろん、マイナーな、マニア向きの高級商品等も、十分に市場調査し、需要《じゅよう》の要求に応《こた》えることは、サクセス　ビジネスの必要なポイントです。

いずれにしても、大衆商品は大衆商品の中におもしろさがなければなりません。高級商品は高級商品の中におもしろさがなければならないのです。すでに述べたとおり、おもしろさとは、供給する側、需要《じゅよう》する側、双方にとって、利益の適《かな》う十分な要素が確固《かっこ》として存在しているということです。おもしろさは、すなわち見通しの明るさに通じるのです。

おもしろさにはニーズがあります。おもしろさには利便《りべん》があります。おもしろさには実用性があります。おもしろさには安全があります。おもしろさには平和があります。サクセス　ビジネスには、わくわくするようなおもしろさがなければなりません。

わくわくするようなビジネスとは、先進的な優《すぐ》れた科学性を持つ商品開発はもとより、時代的な古風を守る、伝統的な産業にも深く根づくものです。ベンチャー　ビジネスのサクセスは、おもしろさの発見にかかっていると言えるでしょう。

おもしろいアイディアこそ財産なのです。おもしろアイディアという種子をたくさんつくりましょう。そしてその種子に息吹《いぶき》を与え、育てましょう。サクセス　ビジネスは、イコールおもしろいビジネスです。

健康で長寿な現役の侍や、謙虚《けんきょ》な淑女《しゅくじょ》を、二十一世紀からは大いに見ることができるでしょう。ご長寿方を見ましても、侍や謙虚《けんきょ》な貴婦人といえる、ピチピチ、ピンピンとした、心身ともにお若いお方が多く、自《みずか》らの好むビジネスを、少量の時間ではありますが、嬉々《きき》として行われている様子《ようす》が十分に見られるのです。

おもしろい商品の秘密

サクセス　ビジネスの強い上昇線には、おもしろさがあるということに対して、力強い論拠《ろんきょ》を見いだしていきましょう。

おもしろいことは長続きします。事業や商品は長続きすることによってこそ、団体としての存在価値も認証され、商品も広く世界から支持されうるものです。おもしろさは長続きする。これはサクセス　ビジネスにとって非常に有利な点です。

おもしろさは笑わせることができる。これもサクセス　ビジネスにとっての秘訣《ひけつ》です。おもしろい商品は、人々を笑わせることができるのです。おもしろい商品には、人を笑わせるだけの、プラスα《アルファ》とプラスθ《シータ》があるのです。笑わせる商品には、内に秘められた余裕と余力があるのです。大いに笑わせる商品を考えてみましょう。

おもしろい商品は強い。おもしろい商品は力強い芯《しん》を持っています。おもしろい商品は力強い内容を持っています。おもしろい商品は力強いパワーを持っているのです。

このように列挙《れっきょ》していけば、まことにおもしろさであふれんばかりです。だからこそヒット商品になるのであり、世間からはホームランと言われるゆえんです。研究室や開発室ではおもしろいことをさせましょう。担当重役はおもしろいことを最優先に、予算を配給するべく決断を下しましょう。大振りの中から何が出てくるかわからないということに、予算をかけましょう。

「無用の用」という言葉がありますが、無用の用とは、今は利益をもたらさないが十年後に花を開かせる種子であるという意味でもあります。この無用の用を常に削除していけば、その会社は永遠に花の咲かない結果として終わるといってもおかしくはありません。人の成功を誉《ほ》め讃《たた》えましょう。人のチャンスを温かく見守りましょう。その人にとって最高の利益であるような、よいアドバイスを与えましょう。二十一世紀は、長寿と若者が力を合わせてつくり上げる宇宙時代であり、神々《こうごう》しい聖なる社会です。

このようなことから、おもしろい話に花を咲かせ、おもしろいアイディアを力強く、堅《けん》固《ご》に推進すべく、会社づくりや団体づくりを行っていくことが、サクセス　ビジネスに通じる道なのです。

大量循環《じゅんかん》型社会への移行

今日《こんにち》までは大量消費、大量破壊の時代でした。二十一世紀をはじめとして、大量消費型社会から大量循環《じゅんかん》型社会への移行がはじまります。

この生態学的調和繁栄《はんえい》の時代と言い得ますのは、ゴミの発生を極力《きょくりょく》少なくし、残存したゴミは無害なエネルギー資源として再活用するという、高循環《じゅんかん》システムを構築するということです。科学の進歩とともに、ハイ　テクノロジーの活用により、このようなことが十分に可能なのです。

このように、地球資源の高循環《じゅんかん》社会は非常におもしろいビジネスとなります。地球の資源活用、及び残存資源から言っても、非常に見通しの明るい社会を建設することができるのです。

無公害のクリーンな社会とは、三次元的物質のみでなく、電波の世界においても、人間の自然な健康のために十分な規制が必要です。利便《りべん》性、コストのみを追求するという企業姿勢や、大衆心理が許されない世界が訪れるでしょう。

資源高循環《じゅんかん》型社会では、国際的法律の規制によって、おもしろいビジネスが数多く誕生することになります。

このように、企業は、常識ある社会と高循環《じゅんかん》関係の構築を進化させる時代に突入することになります。常識ある社会とは、クリーニング　ハート　ソサエティです。企業はクリーニング　ハート　ソサエティによって支えられ、クリーニング　ハート　ソサエティは企業によって支えられるという、まことにめでたい、見通しの明るい社会が構築されていくのです。おもしろいビジネスは、このようなことから、さまざまに、いろいろと楽しい論議から開始されるのです。

正しい目標の策定《さくてい》

サクセス　ビジネスに際《さい》して、経営政策、営業政策、顧客《こきゃく》サービス政策等々の事業目標の設定はきわめて重要なことです。総合的経営判断の正しい策定《さくてい》が振り下ろされたならば、そこには各事業主体に目標が設定されることの必要性はきわめて重大なことです。

何が正しい目標であるかについては、さまざまな検討《けんとう》や研究が必要です。そして、正しい目標が決定されたならば、その方針に向かって、絶え間ない、清浄《せいじょう》な進行を推し図《はか》ることが不可欠です。ただし、針路《しんろ》修正すべき点があれば早急《さっきゅう》に改め、修正進行すべきでしょう。

サクセス　ビジネスにおいては、正しい目標を掲《かか》げるということはきわめて重要なことですが、正しい目標を実現させる意志力というものも、きわめて大切です。ここでは、正しいビジネスが策定《さくてい》され、サクセス　ビジネスの実現のために何が大切であるかということを検証《けんしょう》してみることにしましょう。

正しいビジネス政策が策定《さくてい》されたなら、そこには必ず目標が存在するはずです。サクセス　ビジネスの結果は、その目標を完全に実現させることが必要です。言い換《か》えれば、策《さく》定《てい》された目標が完全に実現された時、サクセス　ビジネスが完了するのです。目標の達成がサクセスですから、そのためには何が必要であるのかということを了解《りょうかい》しなければなりません。

そこで、ビジネス　マネジメントに際《さい》しましては、メンタルな意志決定というプロセスが必要になってきます。人間のきわめてメンタルな部分である意志力というパワーが、サクセス　ビジネスにとってはかけがえのない成功発動要因となるのです。

どのような正しい目標設定であれ、その設定された目標が、人間及びその上部集団によって実行されるという意志がなければ何の意味もないことになります。目標設定のワーキング　システムはスケジュールどおりに仕事がなされているかどうか、逐次検証《ちくじけんしょう》することによって明瞭《めいりょう》に把握《はあく》され、理解されるのですが、その仕事の内容、クオリティなどは、きわめて精密な検査により実証《じっしょう》されることが必要です。

しかしながらこのような検査は、製造業における単純生産に適合《てきごう》するのであり、複雑な経営政策、複雑な営業政策に、うまく適合《てきごう》するとは限りません。また、客観的に、精密に検査する機械は、存在しがたいと言ってよいでしょう。大型スーパーコンピューターによって、複雑性解決への学が発達しつつありますが、複雑な確率論のかけ合わせですから、単純明快《めいかい》な解答を出すためには、かなりむずかしい問題も含んでいます。

具体例として、次のようなことが挙《あ》げられます。

それは、人類の健康に貢献《こうけん》することに従って、企業利益が生ずるということです。食品事業、畜産《ちくさん》補助栄養剤を供給する事業、生化学薬品供給事業等に関しては、特に、前記の趣旨《しゅし》に合一《ごういつ》する事業方針が不可欠です。また、健康に危害の恐《おそ》れのある物質を食品や畜産栄養素材《そざい》に混入《こんにゅう》させないということは常識です。

英国国民に対して多数の危害を与えた肉骨粉《にくこっぷん》等の生産は、全地球レベルの国家によって法律により製造を禁止されるべきです。さらに流通をも禁止し、違反者には加罰《かばつ》されるべきです。これは常識です。なぜならば、動物愛護精神から、家畜を食するかどうかは、諸国民の善良な意志に委《ゆだ》ねられるからです。

もちろん、ここでの学習集団者は、畜産《ちくさん》物を控《ひか》えるという精神波動《はどう》を持つ者です。だからといって、畜産《ちくさん》行政において無責任な管理が行われては絶対にいけません。

これは食の文化のみではなく、すべての文化に際《さい》して具体例をもって検証《けんしょう》されねばならないのです。安全のセオリーは厳格《げんかく》に守られねばなりません。類似《るいじ》性危険度の波及《はきゅう》を完全に断ち切らねばならないということです。

さて、人類の健康性への賦活《ふかつ》に関しては継続《けいぞく》して意志力に繋《つな》げて論点を述べていくことにしましょう。

目標実現への強い意志力

大切なことは、目標達成のためには意志力が必要であり、欠かせぬ思考パターンであるということです。

意志力は、客観的には思考パターンに属するものですから、その思考パターンの範疇《はんちゅう》を科学的に探求《たんきゅう》する必要があろうかと思われます。これはきわめて心理学に隣接《りんせつ》する学ではありますが、意志力という根本的エネルギーは、心理学では捉《とら》えられない部分が多重に存在するということも忘れてはなりません。

意志力の特徴は継続反復《けいぞくはんぷく》力であり、単一目標への、不変の、健全なる、強い進行です。サクセスへのｉｎｇ《アイ・エヌ・ジー》を、複合的に、豊かに支え、あらゆる清浄《せいじょう》なエネルギーを取り入れ、自《みずか》らに解釈《かいしゃく》し、正常《せいじょう》な方向へ解決させようとするのが意志力です。意志力は、人間の無意識世界ないし意識世界を超越《ちょうえつ》して、設定された成功目標へ実現させようとする、一貫した力であり、透徹《とうてつ》した軌道修正力です。

銀河系一周の旅行を設定したならば、それは意志力の発動によって実現できるわけです。ただし、その実現される時は目標の大きさによって、人類文明の力とサムシングエルスの総合的結合の結果によって決定されます。

ここで話を原点に直しましょう。正しい目標の設定のあり方を、注意深く検討《けんとう》する必要が、そこで登場するのです。正しい目標の設定は便乗《びんじょう》ではないということです。

便乗《びんじょう》的なものの考え方は、正しい目標の設定ではありません。正しい目標の設定からは、便乗《びんじょう》的要素を強く排除《はいじょ》される必要があります。それは全体にわたって純正な目標の設定を行わなければならない、ということです。そこには不純物や濁《にご》りや便乗《びんじょう》的ものの考え方は、いっさい存在しないのです。

そのような正しい目標の設定が確定された時、意志力を発動せしめるということです。意志力は、そのような清純なプロセスを経《へ》た後、強い実現力を諸事業体として生産することになります。その意志力は、先ほど言いましたとおり、継続反復《けいぞくはんぷく》力となり、健全な単一方向性への前進へと実行させるのです。

意志力の鼓舞《こぶ》と永続

サクセス　ビジネスにおける意志力は、まことにヘルシーな精神性に存在するということが言えるでしょう。

通常、サクセス　ビジネスにおける事業設定は、合理的判断に基づく成功因子《いんし》の配列にあります。サクセス　ビジネスをもたらすには、どのような必勝を期するための合理的経営政策を施行《しこう》するか、そして、どのように成功因子《いんし》を誘導し、配列し、設定してゆくかということに焦点《しょうてん》が絞《しぼ》られる必要があります。

そのように目標が設定されれば、経営の最高決定に基づき、その事業のすべてが稼働《かどう》しなければなりません。もちろん、単一ビジネスマンの努力とその意志力のみにおいて完結するビジネスも当然ありますが、企業が行う目標とその実現のためには、正しい経営政策の策定《さくてい》から、全事業の稼働《かどう》に強い影響を与える意志力の発動が必要なのです。そのような意志力は、新陳代謝《しんちんたいしゃ》されながらも、当初の目標が完結されるべく、一致《いっち》した方向性を保持《ほじ》しなければならないということは言うまでもありません。

さて、ビジネスにおける意志力を鼓舞《こぶ》し、永続させるためには、どのようなことが必要なのでしょうか。

簡単なことです。一つに、気を楽にすることです。二つに、気を清めることです。三つめに、気を澄《す》ませることです。このようなことであれば、誰もが理解できるでしょう。意志力を発動したなら、気を楽にして、気を清め、そして気を澄《す》ませるのです。

あまり考える必要はありません。健全なる単一な目標に向かって反復継続《はんぷくけいぞく》しながら、楽しく、進軍するのが最良のサクセスへ至る道です。正しく設定をしたならば、目標を確認し、あとは楽しく、笑いながら、愉快《ゆかい》に前進するのみです。

意志力は、三つの気が栄養源となります。三つの気とは、気を楽にして、清め、そして澄《す》ませるという気です。この三つの気が、意志力に力を与え、さらなる継続《けいぞく》と反復《はんぷく》へのエネルギーとなるのです。意志力は逃避《とうひ》しない。意志力は負けない。意志力は放棄《ほうき》しない。このような、きわめてヘルシーな精神性を保持《ほじ》することが必要な、基礎的前提になるのです。

成功への最短距離

基礎的前提という意志力が確立しましたならば、どのように成功実現までの期間を短縮させるかという問題が出てきます。物事《ものごと》は、すべてが早く達成されればよいというわけではありませんが、早く解決し成功へ達成した方が楽しいことが、我々人類の世界では、往々《おうおう》にあります。

それでは、どのようにすればよいのか。神様の船に乗る必要はありません。強き人の船に乗る必要はありません。正しき判断をなそうとする人は誤解をしてはなりません。気を楽にして、自主努力しましょう。気を清めて、自主努力をしましょう。気を澄《す》まして、自主努力をしましょう。自《みずか》らの意志力をもって、気を楽に、清め、澄《す》まし、自主努力をなすこと自身に、神様の流れが発生し、ご神霊《しんれい》の加護《かご》が加わることになるのです。

まことに簡単明瞭《めいりょう》な神の理《り》がそこにあります。根《こん》を詰《つ》める必要はありません。無理をする必要はありません。苦悩する必要もないのです。定めた目標に向かって無駄《むだ》な考えは必要ありません。気楽にビジネスをこなしましょう。気を清めてビジネスをこなしましょう。気を澄《す》ませてビジネスをこなしましょう。

ビジネスは固き金属に大きな穴をあけることでしょうか。船を建造することでしょうか。福祉を実現することでしょうか。経済を好況にすることでしょうか。国家を平和にすることでしょうか。いずれのビジネスも、このような意志力の発動によって、必ずや成功と勝利がもたらされることに、知らずのうちに、絶対のうちに、成就《じょうじゅ》されるのです。

ミラクル　パワーの体験

ここでの絶対の成就《じょうじゅ》は、ミラクル　パワーでもあります。ミラクル　パワーは、東から昇る太陽を、人間が「美しい」と眺《なが》める時、その太陽の光と輝きと雄大さは、すべてミラクル　パワーのたまものであるということを理解することができるでしょう。

こんなに単純なことが、なぜミラクル　パワーかといいますと、あまりに自然に、当たり前のように思えて、その中に秘められた無限の力、神秘の力、偉大なる力を感じ取ることができるからでしょう。

太陽と地球は宇宙の力によって結ばれています。宇宙の力によって地球は太陽の周《まわ》りを公転しています。そして地球は自転しています。このような天文の知識は常識となっていますが、自転しながら太陽の周《まわ》りを公転することによって、毎日、東から太陽を眺《なが》めることができるのです。この無限の宇宙の中で、地球という惑星が太陽の周《まわ》りを規則正しく巡回公転し、地球が自転し続けるという現実、そしてこの無限の時間の中で地球という惑星に人類が発生し、自《みずか》らが太陽を眺《なが》め、感動を覚えるということの当たり前の現実こそがミラクル　パワーの証《あかし》なのです。

この絶大《ぜつだい》なミラクル　パワーを、現実に体験する方法は、いたって簡単なことです。局地では変動がありますが、通常は、朝早起きをして東の方へ目を向け大空を眺《なが》めるという意志を働かせるだけで十分です。この小さな意志力のみで、朝日が昇るミラクル　パワーを体現することができるのです。

絶大《ぜつだい》なミラクル　パワーが毎日起こっているのです。この絶大《ぜつだい》なミラクル　パワーは人間の力では止めようがありません。一年に三六五回、延々と続くのです。人間は絶大《ぜつだい》なミラクル　パワーが毎日、毎日、年中、人間にとっては、あるいは人類にとっては無限である偉大なエネルギーの循環《じゅんかん》とその放射《ほうしゃ》、それは何からもたらされたエネルギーであるのか、ということです。その宇宙の真《しん》の意志力と合一《ごういつ》するということはどのようなことであるのか、ということを考えながら日常の生活を眺《なが》めてみましょう。

平凡《へいぼん》で日常的な繰《く》り返しが行われているので、人間は絶大《ぜつだい》なミラクル　パワーの発現《はつげん》が現実にあるということを忘れてしまっています。人間の力が、人類の力が、はたしてこの現象をつくり出すことができるでしょうか。あまりにも平凡《へいぼん》な問いかけに、一瞬言葉を絶することがあるのではないでしょうか。

物理的条件だけでは不十分です。人間が朝日を見たいという、小さな意志力を持って早起きをし、東の空に向かって眺《なが》めてみるという行動が必要です。そして、太陽が東の空から昇り、鮮《あざ》やかな赤色の陽射しがぐんぐんと昇り、その太陽光線が人間の身体《からだ》を貫かんとする時、人間が「あぁ、なんてすばらしい。美しい。力強いんだろう」と感嘆《かんたん》する時、はじめて絶大《ぜつだい》なミラクル　パワーの現実的発動が行われたということになるのです。人間が確かにそこに存在し、生命をもって生かされているという現実も、まさにミラクル　パワーの結果であるわけです。

ミラクル　パワーの発動

人類は絶大《ぜつだい》なミラクル　パワーという現実を忘れかけているように思えます。ミラクル　パワーはどこにでもある現実的な存在であるということを十分認識《にんしき》し、理解する必要があります。

ミラクル　パワーの発動は意志力をもって自主努力を行いながら、宇宙の大きな流れに素直《すなお》に立脚《りっきゃく》し、神様の大いなる流れの中に自《みずか》らの自主努力を一致《いっち》結実すること。そこに絶《ぜっ》大《だい》なミラクル　パワーが発生するのです。

宇宙は、再生と感動とゆるやかな拡大の繰《く》り返しです。地球が太陽の周《まわ》りを公転するのも再生の現れであり、毎日朝日を眺《なが》めることができるのも感動の現れです。星空を眺《なが》めるのはゆるやかな拡大です。この再生と感動とゆるやかな拡大の織《お》りなす繰《く》り返しが、宇宙の大きな営《いとな》みの中心的な要素であるわけです。

人間の健康も、人類の健康も、世界の平和も、このパターンからはずれることはありません。

再生、感動、ゆるやかな拡大の繰《く》り返しによって、健全な人間の生活が営《いとな》まれ続け、人類は永久《とわ》に栄え続け、世界の平和がたゆみなく実現し続けるのです。このような単純至極《しごく》な宇宙のパターンをよく見極《みきわ》めれば、事業の成功に結びつけることが可能でしょう。

ミラクルは宇宙の理法の中で、おのおのの中心に際《さい》して発現《はつげん》してきます。宇宙の理法は広大な宇宙の理《り》、いわゆる理《ことわり》、その「理《り》」に適《かな》った行いと流れが「法」です。宇宙の理法は、このようなわけで、宇宙のいっさい隅々《すみずみ》まで働き、充実充満《じゅうまん》しています。

宇宙の理法への調和

サクセス　ビジネスに際《さい》して、ビジネスマンはどのような心がけでおのおののビジネスを行っていけば、サクセス　ビジネスという結実を得ることができるのかということを、この宇宙の理法の中で少し考えてみたいと思います。

ミラクルは、どこにでも、いつでも、あらゆる場所で発生し、現実となります。問題は、いかにしてこのきわめてありがたいミラクル　パワーをビジネスの中に取り入れ、そしてビジネスの花をいかに咲かせるか、ということなのです。

先ほどの話を応用すれば、さほどむずかしいことではありません。ある意味では、いとも簡単で、単純明快《めいかい》な道筋《みちすじ》であることが十分理解できるでしょう。

燃えさかる太陽のごとき情熱は、意志力という力の中に温存することができるのです。人間にとって、情熱は価値ある存在自身です。この情熱を大切にし、意志力の中に温存していきましょう。

物事《ものごと》をサクセス　ビジネスに展開していくためには、宇宙の理法の中に調和して、自《みず》らの意志を、その目的に応じて、自《みず》らが努力していくことです。宇宙の理法に調和し、その真ん中のその中心点に自《みず》らの努力を集中し、継続《けいぞく》させることが、いわゆるミラクルの絶大《ぜつだい》なパワーとなって現実世界に表現されていくことができるのです。

サクセス　ビジネスは、このような考え方の、自《みず》らの意志による反復継続《はんぷくけいぞく》です。このような宇宙の理法を体得《たいとく》することにしたがって、太陽が東の大空から昇りはじめるが如《ごと》き、まことに当然で、まことに当たり前な現象としてミラクルが発生するのです。

宇宙の理法に生き生かされるということは、まことにすがすがしく、嬉《うれ》しく、楽しい、清らかな流れの中で、幸福に生かされるという意味と同義です。宇宙の理法の中心の一つは、世界平和であり、宇宙の平和の永久具現《ぐげん》です。

このようなすがすがしい流れの中にあって、自《みずか》らの意図《いと》するビジネスをサクセス　ビジネスへと導《みちび》いていくことが、本来のミラクルを呼び起こす根本的考え方なのです。

ミラクル　パワーは、失敗を大成功に転換させる力を持っています。ミラクル　パワーは怪我《けが》を完治させる力を持っています。ミラクル　パワーは難題を簡単に解く力を持っています。ミラクル　パワーは難病を完治させる力を持っています。ミラクル　パワーは小さな火を絶大《ぜつだい》な力の火にする力を持っています。人間にはミラクル　パワーを呼び寄せる能力を与えられているのです。

このような偉大なミラクル　パワーを呼び寄せるために、宇宙の理法の中心に自《みずか》らの努力を、意志をもって行為しましょう。その意志が、宇宙の理法の中心にうまく調和したなら、その意志は絶大《ぜつだい》な爆発エネルギーとなって、ミラクル　パワーを現実に呼び起こし、その結果、ミラクルな、そしてまったく理想的な現実を得ることができるのです。

宇宙の理法を生活の中で十分に生かし、三六五日、年中、宇宙の理法の中で生活を行うならば、自《みずか》ら欲望を発しなくとも理想が現実となってほんものの幸福を得ることができるでしょう。私たちはこのようなミラクルを、感謝をもって迎えることができるのです。

ジャングルの帝王「ジャガー」

ジャングルの世界の中でサクセス　ビジネスを考えてみるのも、興味のある話です。複雑な社会の中で筋道《すじみち》を立てサクセス　ビジネスに導《みちび》くというプロセスは、まさにジャングルと言えるでしょう。ジャングルの世界を一番よく知っているのはジャガーです。まさしく、ジャガーはジャングルの帝王なのです。

ビジネスマンは、帝王たるジャガーになることがサクセス　ビジネスの道しるべとなるかもしれません。

決して弱肉強食《じゃくにくきょうしょく》を勧める思想ではありません。しかしながら、強く、正しく、明るくという基本的サクセス　ビジネスへのスタンスは、ジャングルの中のジャガーにたとえてよいのではないかと思います。

ジャングルの中には、墓石大のエメラルドがところどころに隠《かく》れ埋《う》もれています。ビジネスマンは、その隠《かく》れ潜《ひそ》んだエメラルドを発見し、取得し、サクセス　ビジネスの栄冠を飾らなければなりません。

エメラルドのありかを一番よく知っているのはジャガーです。ジャガーは、複雑な森の入り組んだ地形や背景や、あらゆる動物の動きを知悉《ちしつ》しています。どこに大きな落とし穴があるのか、どこに絶壁《ぜっぺき》や崖《がけ》があるのか、すべてを知っているのです。ジャガーは深い雑木林の中を俊足《しゅんそく》のスピードで走り抜けることができます。狙《ねら》った地点へ俊足《しゅんそく》に駆《か》け抜け、到着することができるのです。

ジャガーは墓石大のエメラルドを発見する時、二つの手法を使います。一つは、クリーニング　ハート、宇宙の理法という大きな流れです。そしてもう一つは、中庸《ちゅうよう》という尺《しゃく》度《ど》です。この二つの拠《よ》り所《どころ》を基《もと》に、ジャガーは俊足《しゅんそく》のスピードで発見し、栄冠を勝ち得ることができます。

中庸《ちゅうよう》という尺度《しゃくど》

クリーニング　ハート、宇宙の理法は、深い意味合いを持ちますが、日常生活の中で大変有効に働かせる日常習慣的な考え方です。このよい習慣は、常々《つねづね》考える必要はありません。自分の身体《からだ》の中に覚えさせてしまうということが大切です。いつ、どのような、社会的場面の中にあっても、クリーニング　ハート、宇宙の理法をさっと応用するのです。

中庸《ちゅうよう》というものの考え方は、問題が日常生活やビジネス上で発生した場合、この「中《ちゅう》庸《よう》」という尺度《しゃくど》によって判断を行うということです。これは、片方の極論《きょくろん》や片方の利益のみを考えず、双方、全体の調和の中から最も有効で相互《そうご》利益が図《はか》れるという平和な考えです。

ジャングルの帝王ジャガーは、この二つのやり方を十分知っていますので、俊足《しゅんそく》にエメラルドを発見し、勝利の栄冠を勝ち得ることができるのです。従いまして、あらゆる障害《しょうがい》を乗り越えることができるのです。あらゆる妨害《ぼうがい》を取り除くことができるのです。あらゆる災厄《さいやく》から未然《みぜん》に逃れることができるのです。

ほんもののジャガーは、この世の社会でたとえるならば、難病を完治させるホリスティックな名医だと言えるでしょう。先に述べた二つのやり方を知らぬにせもののジャガーは奈落《ならく》の底に落ちるでしょう。

ほんもののジャガーは、ジャングルの中央にあって、強く、正しく、明るく、不動の栄冠を保《たも》ち続け、力強い仲間の中で君臨《くんりん》するでしょう。にせもののジャガーはジャングルから立ち消え、不名誉《ふめいよ》という汚名《おめい》を浴びるでしょう。

どうか、この世の中で活躍されるビジネスマンは、ジャングルの中のサクセスのように、ほんもののジャガーのスタイルと二つの考え方を理解して言動してください。そうすれば、必ずやサクセス　ビジネスの成果たるエメラルドを手中《しゅちゅう》に得られることでしょう。

巨砲《きょほう》の如《ごと》く輝くエメラルドは、サクセス　ビジネスマンを永遠に待ち続けています。ジャングルの中には無限大のエメラルドが眠っているのです。この方法をもってエメラルドを授《さず》かってください。ジャングルの帝王ジャガーのように。ほんもののジャガーは、あなたにそっと授けるでしょう。エメラルドへの道筋《みちすじ》を、ほんもののジャガーは知っているのです。

神の信託《しんたく》性宇宙時代の羅針盤《らしんばん》

二十一世紀は、神の信託《しんたく》性宇宙時代の開闢《かいびゃく》の時代です。企業はもとより、諸国家は、その方向希求性を神の信託《しんたく》性宇宙時代の羅針盤《らしんばん》に従って、明確な方向を保持《ほじ》しなければなりません。

神の信託《しんたく》性宇宙時代の前途《ぜんと》は洋々です。無限的幸福へのいざないが神の信託《しんたく》性宇宙時代の光明《こうみょう》に存在するからです。神の信託《しんたく》性宇宙時代の人類は、確固《かっこ》たる不動の立場で、不退《ふたい》転《てん》の決意を持たなくてはなりません。神の信託《しんたく》性宇宙時代の常識をもって、明瞭《めいりょう》に前方《ぜんぽう》を見渡しましょう。あらゆる障害《しょうがい》は消え去るのみです。前途《ぜんと》洋々とした世界が開かれているのです。

企業や諸国家は、そのような方向性を新たに決定しなければなりません。そうすれば宇宙文化として花が開くでしょう。無限の富が宇宙文化に注がれるのです。まことの人類は、すこやかに成長し、発展し続けているのです。この現実に不退転《ふたいてん》の決意をもって、宇宙文化を築くことができるのです。

それでは、どのような社会が神の信託《しんたく》性宇宙時代なのであるかということを、少し述べていくことにしましょう。

神の信託《しんたく》性宇宙時代は、無限のエネルギーを知ることができる時代です。必要にして喜びごとのすべていっさいは、無限に供給されることができますので、欲という事柄《ことがら》は必要がなくなります。無欲にしておのおのの理想が達成できます。このような時代を神の信託《しんたく》性宇宙時代というのです。

欲がないことに従って、不必要な障《さわ》りはいっさいありません。欲が不必要ですから、よからぬ思いは自《おの》ずと発生いたしません。欲が不必要ですから、無駄《むだ》な競争はいっさいありません。でありますから、心得違《こころえ》いはいっさいなくなるのです。

では、企業はこのような時代にあって、どのようにしてサクセス　ビジネスを遂行していけばよいのでしょうか。

結論から先に言うと、高次元波動《こうじげんはどう》に合わせた、あらゆるビジネスが、サクセス　ビジネスとして大成するということです。必要最小限の競争を残して、あとは無欲の社会となるでしょう。

宇宙文化の社会は、それほどにすばらしいのです。世界のどこへ訪れても平和であり、健康であり、おのおのの地域の特産に恵まれています。平凡《へいぼん》の中に理想を見いだす社会が具現《ぐげん》されているのです。神の信託《しんたく》性宇宙時代は、まことの魂《たましい》の時代、いわゆる真魂《しんこん》の時代とも言えるのです。この時代にあっては、真魂磨《しんこんみが》きが、ビジネスの一環として捉《とら》えることができるのです。

まことにめでたいことに、欲望のために働かなくてもよいということです。クリーニン

グ　ハートが、すべての世界にわたって実践《じっせん》されていますから、よからぬ思いを持つ者たちは誰も存在しないのです。したがって過剰《かじょう》な欲を持つ必要など、いっさいありません。神の信託《しんたく》性宇宙時代は、必要にして喜びごとのいっさいが無限に供給されるわけですから、おのおのの人々が欲を持たなくとも、平凡《へいぼん》の中に理想を見いだすことが十分できるのです。足るを知る幸せを、すべての世界人類が満足できるのです。

宇宙の理法の成就《じょうじゅ》

サクセス　ビジネスに関して、現代を、ビジネスマンはどのようにして生きていけばよいのでしょうか。

サクセス　ビジネスは、神の信託《しんたく》性宇宙時代への明確な方向性を持つことに従って、大《だい》成就《じょうじゅ》するのです。中小企業から大企業、そして諸国家が神の信託《しんたく》性宇宙時代へと針路《しんろ》を、羅針盤《らしんばん》に明確に示さなければなりません。光明《こうみょう》、クリーニング　ハートが、嬉《うれ》し嬉《うれ》しい、そして楽し楽しい時代が訪れたのです。真魂磨《しんこんみが》きは自《みずか》らのビジネスによって行うことができるでしょう。

グレードアップされた波動《はどう》に従って、日々の業務を、すこやかにこなしていけばよいのです。音楽家は音楽の立場で、サービス業はサービス業の立場で、製造業は製造業の立場で、おのおのの業界においてハイ　グレードな波動《はどう》に従って日々、業務を成就《じょうじゅ》させてゆけばよいのです。

まことの人類を中心としてアース　スターは、波動《はどう》の高いレベルへと、日々前進し、進歩しているのです。永久に進歩のしない存在は小石のみです。

神の信託《しんたく》性宇宙時代の羅針盤《らしんばん》をしっかりと見据《みす》える時、真なる人類は、日々確実に、明瞭《めいりょう》に進歩し、生活の根本から大改善されているという現実を見ることができるのです。神の信託《しんたく》性宇宙時代はまさしく現実である、前途《ぜんと》洋々にして、正々堂々とした、健康で、長寿な、幸福の時代であるのです。

このような時代を迎えた私たちは、不退転《ふたいてん》の決意をもって、この神の信託《しんたく》性宇宙時代の天命を成就《じょうじゅ》しなくてはなりません。換言《かんげん》するならば、このような時代を迎えた私たちは、不退転《ふたいてん》の決意を持ったなら、無限にすばらしい神の信託《しんたく》性宇宙時代を、必ず迎えることができるのであるという、嬉《うれ》しい現実です。

そこで、神の信託《しんたく》性宇宙時代という言葉の意味を、少し検証《けんしょう》していくことにしましょう。神の信託性《しんたく》宇宙時代とは、洗心《せんしん》、宇宙の理法を成就《じょうじゅ》した世界ということです。これは自由自在にして、理想を完全回復せしめるという意味であり、このような思想を成就《じょうじゅ》したという社会であり、諸個人の人生です。理想的な自由自在な社会であり、自由自在な人生です。

神の信託《しんたく》性宇宙時代の、すがすがしい永遠の日々は、神様、観音様《かんのん》、超如来様《ちょうにょらい》たちの強い働きかけと、ご加護《かご》と、人類の努力の結晶である科学とが一致《いっち》した幸福であり、そこからの新たな進歩です。

このような時代に突入した現実の日々は、いっさい障《さわ》りなく、不成仏霊《ふじょうぶつ》は存在しなくなり、良からぬ思いを持つものもなく、動物の心得違《こころえ》いもなく、争いも悩みもない時代です。地球文明は絶対安全、安心である宇宙文明へとシフトしていかなければなりません。確かな国際基準によって、安全、安心なロボットなどを製造していくことでしょう。人工頭脳は、安全に制御され、多重のセイフティ　ガードがなされるでしょう。前途《ぜんと》洋々の、まことの人類の発展は、今、はじまったのです。

前途《ぜんと》洋々、不退転《ふたいてん》の決意

クリーニング　ハートをマスターした人々は、神の信託《しんたく》性宇宙時代に際《さい》して、神の目が与えられます。神の目は強靭《きょうじん》にして、すべてを見抜く力を持つ目です。

神の信託《しんたく》性宇宙時代の今を迎えられたことに感謝しましょう。楽し嬉《うれ》しいまことの時代が到来《とうらい》したのです。前途《ぜんと》洋々たる平和な時代を迎えることができるのです。

まことの人類は不退転《ふたいてん》の決意をもって神の信託《しんたく》性宇宙時代を迎えるのです。クリーニング　ハートをマスターしたまことの人類は、前途《ぜんと》洋々です。

このような時代にあっては、神様の祝福は無限です。クリーニング　ハートをマスターしたまことの人類は、広い銀河の交際を楽しむことでしょう。時空間は銀河に開かれます。まことの人類の足元は常に輝いています。アース　スターのどの国を訪れてみても、どの地域を訪れてみても、そこには楽園が存在するのです。

その楽園は、オアシスでもあり、常緑の樹々に鳥が飛び交うさわやかな新緑が多く存在します。安心のいく食料が豊富に生産され、清らかな水が流れています。人々に苦役《くえき》を課されることはなく、不愉快《ゆかい》な居住空間は存在しません。自《みずか》らの天職を、余裕をもって、嬉々《きき》として、働いているのです。これがアース　スターの現実なのです。

アース　スターのまことの人類は、衣、食、住、インフラ、輸送機関、乗り物等、最高に快適で安全です。自慢する人もなく、媚《こ》びる人もおりません。正々堂々たる人類に光栄あれと言わんばかりに、天空からポジティブ　エネルギーという光に充満《じゅうまん》した花びらが舞い降りてくるがごとき、さわやかな日々です。

我々人類は、このような神の信託《しんたく》性宇宙時代に、不退転《ふたいてん》の決意をもって臨《のぞ》めばよいだけです。このような決意をすれば、私たちの前途《ぜんと》は洋々と、光明《こうみょう》に大きく開かれていきます。この意を体《たい》せば、すべての人々に前途《ぜんと》は洋々と開かれているのです。魂磨《みが》きの前進がはかどるにしたがって、前途《ぜんと》洋々の人生の道ははるか遠くへと明晰《めいせき》にはかどって、成功の成就《じょうじゅ》を迎えるのです。人間の感性は魂磨《たましいみが》きによって成就《じょうじゅ》するのです。

サクセス　ビジネスの日々の繰《く》り返しは、おおもとを問うなら、自《みずか》らの魂磨《たましいみが》きの、修《しゅ》行《ぎょう》の一環に過ぎないのです。神の信託《しんたく》性宇宙時代の真ん中にある社会は、どのような企業であろうとも、このような人間の基本的姿勢をもって最優秀の商品を、最優秀の事業を構築して、あるいは生産していくでしょう。

そのように行為することが、前途《ぜんと》洋々たる企業の、開かれた黒字優良企業です。社長から全従業員にいたるまで、この不退転《ふたいてん》の決意をもって行うならば、神の信託《しんたく》性宇宙時代のすばらしい企業に成長するでしょう。断固《だんこ》たる不退転《ふたいてん》の決意を、洗心《せんしん》、宇宙の理法という羅針盤《らしんばん》に合一《ごういつ》し、より多くの多数が一致《いっち》してことを行うならば、必勝の勝利が得られるのです。

前途《ぜんと》洋々たる人生の前方《ぜんぽう》に磨《みが》きをかけましょう。前途《ぜんと》洋々たる企業の前方《ぜんぽう》に磨《みが》きをかけましょう。前途《ぜんと》洋々たる国家の前方《ぜんぽう》に磨《みが》きをかけましょう。前途《ぜんと》洋々たるアース　スターの前方《ぜんぽう》に磨《みが》きをかけましょう。我らが不退転《ふたいてん》の決意をもって。

武士道をビジネスに生かそう

武士道は平和の精神の具現《ぐげん》です。古来より、和敬《わけい》の精神を顕在《けんざい》化するために、武道が尊ばれてまいりました。武道は平和の精神によって磨《みが》かれ、鍛《きた》えられる道であり、神の気に触れる精髄《せいずい》です。

この優《すぐ》れた、強い精神性を、ビジネスに生かしましょう。平和の究極の実現をめざす、武士道はその高い精神性をもって、十分にビジネス世界に生かすことが可能です。あらゆる商業は神の知を受けたる武士道を実践《じっせん》することによって、必勝の成果を得ることができるのです。これを神知《しんち》の必勝武士道と、大きく言えるでしょう。

神知《しんち》必勝の武士道は、強く正しく明るく、その任を履行《りこう》します。神の知を伴《ともな》う武士道の稽古《けいこ》は、汗をかきながらも、楽しいものでしょう。神知《しんち》必勝の武士道は、自《みずか》らの持てる力を、相手にただ単に押しつけることではありません。そこには必ず和敬《わけい》の精神があり、正しさの筋道《すじみち》があるのです。ただ単なる力のみの付和雷同《ふわらいどう》では決してないということを、十分了解《りょうかい》することが必要です。

ビジネスの世界に、このようなすばらしい神の知を伴《ともな》う武士道を応用するということは、ビジネスのサクセスにおける核心を無駄《むだ》なく修めるということでもあります。

ビジネスには、短期的ビジネス、長期的ビジネス等ありますが、そのサクセスたる成果を得るためには、商業上の知識はもちろん、サクセスを必勝させるためのコツを心得《こころえ》ておらねばなりません。

武士道のコツ

　では、ビジネス　サクセスのコツとは何でしょうか。それは、多くの人々から喜ばれるという、よい結果を得ることです。武士道においては、急所を捉《とら》えて勝利を得る、ということです。武士道では、常々《つねづね》の、朝夕にかけるすがすがしい稽古《けいこ》が、実践《じっせん》の舞台でものを言うことがあります。これは論理の構築のみでは、ひと口で言えないことであり、それは動作、想念《そうねん》等のいっさいの無駄《むだ》を省くという術《すべ》を心得《こころえ》ているのです。このような武士道のコツを、ビジネス世界に応用するということは、あらゆる無駄《むだ》を除き、不必要な想念《そうねん》を排《はい》除《じょ》して、コツとされる要所に集中して決断を下すということに尽《つ》きるのです。このようなコツを体得《たいとく》し、ビジネス世界に応用し、実践《じっせん》するならば、ビジネスの成果をはるかにスピード　アップさせて成就《じょうじゅ》することが可能であり、不必要な想念《そうねん》によるストレスを極力除《きょくりょくじょ》去《きょ》することが可能です。

　このようなコツの応用に際する優良な事実関係は、見通しが明らかに優《すぐ》れて、有利な立場において決断することができるということです。ビジネスのサクセス　ポイントを、このようなコツを応用することにおいて、積極的に連打することにしたがってビッグ　サクセスへと展開し、社会への奉仕《ほうし》と企業への収益《しゅうえき》という結果を得ることができるでしょう。積極的なコツの応用は、凡庸《ぼんよう》な時間帯の流れに、めざましい活力と優良な改革への力強い連続運動を与えてくれます。

このような優良な改革ポイントに、力強い意識変革《へんかく》を加えて、神霊《しんれい》の流れに素直《すなお》に乗ることが、ビッグ　サクセスへのロングライフとなるのです。過去にとらわれず、健全な新《しん》陳代謝《ちんたいしゃ》のごとく、力強い不死となって、事業が展開していくのです。商人の勝利は、多くの人々に感動と幸せを与え、そして収益《しゅうえき》を挙《あ》げるということです。商人のビジネス　プロセスに、武士道のコツを十分に活用するならば、予測以上のスピードで成果を上げることができるでしょう。

イヌワシの判断力と捕捉《ほそく》力

イヌワシは、上昇気流に乗ってはるか上空に速《すみ》やかに駆《か》け上り、高い上空を旋回《せんかい》することができます。そして、天が与えたすばらしい目の力を用いて、上空の旋回《せんかい》から広い視野を持って状況を判断します。また、イヌワシは、ターゲットを確定し、そのターゲットに向かって全速力で、そのターゲットを捕捉することができます。大自然の中で、天性の内にしてターゲット捕捉《ほそく》というコツを伝授されているのです。

これをビジネス社会の中に応用してみれば、神の知という気流に乗って、物事《ものごと》を進捗《しんちょく》させるという考え方になります。神の知という気流は、すさまじい上昇気流なのです。この上昇気流に乗って、空高く駆《か》け上ることができるのです。

空高く昇り上がったならば、上空をゆっくりと旋回《せんかい》し、広い視野をもって見渡しましょう。そして、ターゲットを発見するのです。ターゲットを発見すれば、神の知という神の目の力によって、ターゲットを捕捉《ほそく》するプロセスに入りましょう。神の目はイヌワシの目より、無限とも言えるほどすばらしく、勝《まさ》りに勝《まさ》って優良なのです。

ターゲットを確定したなら、俊足《しゅんそく》に、そのターゲットを捕捉《ほそく》しましょう。武士道の要諦《ようてい》であるコツを十分発揮《はっき》するならば、このような捕捉《ほそく》は、いとも簡単に実現できるのです。ターゲットを捕捉《ほそく》したなら、社会的に有意義な再生産に向けて利益循環《じゅんかん》を図《はか》りましょう。

ただし、武士道のコツの要諦《ようてい》は、平和の道であるということです。平和の大道《だいどう》へ帰結するがゆえの要諦《ようてい》であり、コツであるわけですから、平和を実現せんがためのコツの実践《じっせん》を行うことによって、大きな利益と、当然ながらのサクセスを得ることができるのです。これは、神の知という気の流れであるからにほかなりません。

第二部　神とともに生きる

意志堅固《けんご》なる勇士

サクセス　ビジネスを遂行する人々は、勇士だけではありません。勇士に等しい淑女《しゅくじょ》も多くいるのです。

ビッグ　サクセスを完遂《かんすい》させる人は、意志堅固《けんご》な勇士です。ここでは、ビジネスを中心に話が展開されていますが、本質的なところでは、すべての人生に際《さい》して通じる事柄《ことがら》です。何ものにもとらわれない意志堅固《けんご》なる精神は、その強さと、正しさと、明るさにしたがって、ほかに比べようもなくすばらしい気高さです。

この堅固《けんご》な意志力は、おのおのの人生の継続《けいぞく》性によって示されるわけですが、分明な世界にあっては、初志を貫徹《かんてつ》させるというサクセス事実によって示されるわけです。特にビッグなサクセス　ビジネスにあっては、芯《しん》のある勇士が必要とされます。

言葉を換《か》えれば、大義名分《たいぎめいぶん》を持つ信念がある勇士ということができるでしょう。いかなる困難も乗り越え、障害《しょうがい》を突破し、無事生還させる勇士が、意志堅固《けんご》であると言えるのです。私たちはこのような意志堅固《けんご》な、強く正しく明るく輝くことのできる勇士になることが必要なのです。

それでは、どのようにすれば、そのような堅固《けんご》なる意志を持つ勇士になることができるのか。

それを、うまく、すがすがしく、日常的なレベルで展開するには、黒潮の流れの如《ごと》く、大海のゆったりとした力強い流れを、自《みずか》らの肉体と生活の中に見いだすことが必要です。いかに精神と肉体との健全な調和と優良な諸関係が必要であるかということが十分理解されるでしょう。

さて、肉体的な、優良な諸関係に際《さい》して話をすれば、自《みずか》らの頭を見るということです。ただ単に鏡の前に立ち、自《みずか》らの頭を見るだけではありません。最初に頭の中を、その精神性の中にあって、きれいに清掃《せいそう》しましょう。

そして頭の中心に神の座をつくりましょう。頭の前方《ぜんぽう》にも神の座をつくりましょう。頭の後方にも神の座をつくりましょう。頭の左右にも神の座をつくりましょう。頭の頂点にも神の座をつくりましょう。

頭の中の神の座をつくり終えたなら、自分自身の中にある神と大宇宙に臨在《りんざい》している神様に、自《みずか》らの頭の中の神の座に安住していただきましょう。これが神の座のはじまりです。

数十億年という年月をかけて創造された生物という人間は、神の座を自《みずか》らのうちに安住させることのできる、健全なる有資格者なのです。この健全なる資格者は、悠々自適《ゆうゆうじてき》に、強く、正しく、明るく、自由自在に思考し、自《みずか》ら行為できる、神の分身であり、現れであるのです。

神と歩む大資格者

ビジネスの世界で、神とともに歩むということは、どういうことでしょうか。

神様は、人類がビジネスに精励《せいれい》することによって、神の世界に近づくことを願っておられます。だからこそ、ビジネスは利益、利潤《りじゅん》のみを追求する姿であってはならないのです。

ビジネスは、おのおのの天職に与えられた授《さず》かりものです。この天職というありがたい授《さず》かりものを大切にし、日々磨《みが》きをかけることによって、天職という本分が発揮《はっき》され、一日一歩、神の世に近づいていくのです。

現在、人類が知り得ている科学は、砂浜の一握《ひとにぎ》りの砂にすぎません。この一握《ひとにぎ》りの砂をもって、全宇宙を知り得たと言う者は一人もいないでしょう。そこに、全知全能なる神の存在が、ひたひたと感じられるのです。神とともに歩む者は、大祝福を受ける資格者です。神とともに歩むということ。これ以上すばらしい日々はありません。

このすばらしい日々を、長久なる人生に生かしましょう。神の祝福を受けた者は、大いなる満足と喜びに満ちた、大きな谷に群生する美しい花を見ながら安息《あんそく》することができます。花々は色とりどりの鮮《あざ》やかな配色で、生き生きと咲いています。そこには清流の川が流れ、たゆたゆと、ゆったり流れているのです。

真善美《しんぜんび》に統一された大自然のすばらしい清らかな強烈さは、目前《もくぜん》にじんと張ってくるものがあります。まことの人類の進歩は、人生の体制であり、大局的には人類の体制です。

このような凛《りん》とした神の指針《ししん》への合一《ごういつ》は、幸福そのものであり、神様は諒々《りょうりょう》として了《りょう》解《かい》されるのです。

ビッグ　サクセス　ビジネスは、神と歩むことからはじまるのです。自《みずか》らの指針《ししん》、企業の指針《ししん》を、神様の世界に近づくべく、方向を定めましょう。そしてゆっくりと歩みはじめることです。

あらゆる物事《ものごと》は善回転に回転し、たゆまなく、良き方向へ、良き方向へと、強く、強く、牽引《けんいん》していくのです。正しい今の、楽しい心を持ち続けることです。あらゆる因縁《いんねん》は、神様とともに歩み続けることによって解脱《げだつ》、消滅《しょうめつ》していきます。神様とともに歩むことによって、因縁《いんねん》はなくなるのです。

神様への方向性を、常に思い描くことが大切です。全知全能の神様の方向性に、真心《まごころ》を合一《ごういつ》させるという初心に立ち返り、歩みはじめることです。どのような時点に立ち至っても、この初心を思い起こし、自《みずか》らの足元を強く修正することが必要です。神様とともに歩めば、いかなる障《さわ》りも消え去るのです。いかなる罪障《ざいしょう》も消え去るのです。

自《みずか》らの足元を照らし、強く神様の指針《ししん》の方向へと修正し、力強く歩みはじめることが大切です。

神とともに歩むビジネスは、サクセス以外にはありません。神とともに歩む人生は、最高の人生であり、最高の生活であり、最高の幸福です。神とともに歩む企業は、世界企業の王者であり、サクセスの真ん中を歩む優良企業です。最高の経営者であり、すばらしき社員の団結です。国を代表する企業となるのです。

絶対の自律《じりつ》心

では、どのようにして神様とともに歩めばよいのでしょうか。どのような心がけであれば、神様とともに歩むことができるのでしょうか。

最初に挙げられるのは、強い自律《じりつ》心の確立です。自《みずか》らの人生を自律《じりつ》した角度から、さまざまと検証《けんしょう》してみることに意義があります。客観的には、自《みずか》らの人生を、いかにして自律《じりつ》した存在者となさしめるか、ということです。最も強く自律《じりつ》した考え方を持つ人間に、神様は最も強く生かしめるエネルギーを注がれるのです。

これは古来よりの不変の哲理《てつり》のようにも思えますが、企業においても等しく考えられる道理です。強い自律《じりつ》心を発動させることにしたがって、神様はすべての底の底まで、生かされるのです。

ビジネスを科学的に再統合させ、合理的に最高の効率性をもって、最高の品質を提供するというのは、人間側の努力の世界です。この努力の世界が、自律《じりつ》性の最高を発揮《はっき》させるということです。その自律《じりつ》性とともに、人間は、そして企業群は、神とともに歩んでいくことができるのです。

強い自律《じりつ》性の精神的行動は、正しい健全性であり、その健全性の中心をなすものはクリーニング　ハートであることは、すでに知っているとおりです。人生においては、このクリーニング　ハートが頭の真骨頂《しんこっちょう》から、足の爪先《つまさき》まで、神々《こうごう》しい金の筋で貫かれているのです。

絶対の自律《じりつ》心というのは、人間が生誕される前からの、正しく生きようとする本能です。この正しく生きようとする強い本能は、すべて神様から与えられた不変な力です。このように強い、正しく生きようとする本能は、赤子《あかご》から最長老まで、不変に与えられています。正しい本能は、神様から魂へ与えられたものですから、天衣無縫《てんいむほう》の宝です。自《みずか》らの魂《たましい》に与えられた、この正しく生きようとする強い本能を、強く目覚《めざ》めさせ、発揮《はっき》することによって強い自律《じりつ》心が確立されるのです。

このように、強い自律《じりつ》心を持った人間には、その人間が必要とするさまざまな条件がすべて与えられます。人間は、幸福を享受《きょうじゅ》し、幸福を最大に拡大再生産させる、という使命を与えられているのです。

自律《じりつ》心に目覚《めざ》めた人間には、その人間が必要とする幸せ、必要とする富、あるいは才能や財産、天地人のあらゆるものが、無限に与えられます。人の魂や頭脳や肉体に、いっさい依存をする必要はありません。これが絶対の自律《じりつ》心の確立ということです。

絶対の成功

この大宇宙は、絶対の成功によって創造され、絶対の成功の運動の中に回転し、あらゆるすべてが、成功の生命波動《はどう》の中で生かされています。全宇宙は、絶対の成功生命波動《はどう》で充満《じゅうまん》されているわけですから、その神様の波動《はどう》に一致《いっち》さえすれば、絶対の成功が具現《ぐげん》するということはきわめて当然の理であるということになります。

このような事実を知るということは、人間にとって幸いなことであり、嬉《うれ》しいことです。このようなことが理解できたなら、今日からと言わず、今この瞬間から、神様とともに歩んでいくというすばらしさを体感することができるでしょう。

神様はみごとに、すばらしい見通しを立てるのです。明晰《めいせき》にして澄《す》み渡った法力《ほうりき》で、深《しん》遠《えん》な見通しを立ててくださるのです。換言《かんげん》すれば、神様はそのようなすばらしい見通しをすでに立てておいてくださっているわけです。私たち人類は、そのことに気づきさえすればよいのです。

頭の中を如意光《によいひかり》水晶の感謝の波動《はどう》で満たしましょう。頭の中を透明な輝く大きな如意《によい》水晶で充満《じゅうまん》させましょう。この如意《によい》水晶は高次元《こうじげん》の水晶です。この如意《によい》水晶は高次元《こうじげん》の澄《す》み渡った光の波動《はどう》で充満《じゅうまん》されています。

この光水晶の中には、いっさいの因縁《いんねん》はありません。この光水晶の中には、いっさいの悪想念《そうねん》はありません。この光水晶の中には、いっさいのつき障《さわ》りはありません。ただただ、大愛《だいあい》と感謝の、たゆみない、すがすがしい流れがあるのみです。

さぁ、神様とともに歩むことにしましょう。一歩ずつ一歩ずつ、神様とともに歩み続けましょう。いかなる因縁《いんねん》からも解脱《げだつ》され、つき障《さわ》りは消え去り、障碍《しょうげ》はなくなります。正しい健全さが脈々《みゃくみゃく》と全身に流れ入り、充実した人生を歩むことができるのです。

インゴッド　ストリーム

人に依存するということは、アウトゴッド　ストリームです。人に依存しないということは、インゴッド　ストリームです。絶対自律《じりつ》心の人生は、インゴッド　ストリームです。

すべての人たちは、絶対自律《じりつ》心の決意によって、人に依存しない人生、インゴッド　ストリームのすばらしい人生を送ることができるのです。見通しの明るい人生を、神様に与えられることによって、自己中心主義というものの考え方にまったくとらわれることのない、大きな成長を自《みずか》らの人生に展望することができるのです。

このような考え方は、ビジネス世界のあり方においても等しく考えられることです。自己中心主義の企業から脱却《だっきゃく》し、インゴッド　ストリームの大きな流れに企業を乗せることで、企業は大きく成長し、多数の社員を幸福に導《みちび》き、そして全社員は自《みずか》らの天分を十二分に発揮《はっき》することができるのです。

神とともに人生を歩みましょう。神とともに企業を躍進《やくしん》させましょう。神の世界に一歩でも近づくことを、神様は微笑《ほほえ》んでおられるのです。

視界は広がり、澄《す》み渡り、コントラストは調整され、鮮《あざ》やかな、フルカラーの、見通しの明るい、すばらしい果実の具現《ぐげん》が見てとれるのです。これが神とともに歩むという神義《しんぎ》一元《いちげん》の世界です。

連続のチャンピオン

ビジネスの連続チャンピオンは、どのようにして産出されるかということを考えてみましょう。

はじめに、ビジネスの前方《ぜんぽう》を徹底的に、そして広域的に眺《なが》めてみましょう。次に、ビジネスの後方を注意深く見渡し、透明な映像の中で何が存在するかを見定め、徹底的に清めましょう。背後を美しくクリアーにしましょう。三番めに、右側の動向、左側の動向を見回し、ビジネスにとっての先見性《せんけんせい》を確保しましょう。そしてそのビジネスの上位にあるものは何か、下位にあるものは何かということを明瞭《めいりょう》に把握《はあく》し、ビジネスの成長性を考えましょう。

このような三六〇度の全方視野を明瞭《めいりょう》に観覧《かんらん》し、先行きの明るい展望を確保することによって、連続のチャンピオン　ビジネスが成立していくのです。

連続チャンピオン　ビジネスの中枢《ちゅうすう》に位置するものは何でしょうか。それは神とともに歩むという高次元《こうじげん》の波動《はどう》です。ビジネスのヒットやホームランは、まさにビジネスの中心に注目し、ビジネスの連続チャンピオンとしての座が常にどこに重心があるのかという視点に立って展開させていくということが大切です。

連続ビジネスのチャンピオンは、その中枢《ちゅうすう》に、神とともに歩む波動《はどう》が常に充満《じゅうまん》しているであろうかどうかということを検証《けんしょう》する必要があるのです。前方《ぜんぽう》三六〇度の視野を持って、常にその中心の波動《はどう》を厳格《げんかく》にチェックしていくことが肝要《かんよう》です。

波動《はどう》調和──連続チャンピオン　ビジネスのコツ

具体的な話の一つとして、こぶし大のサファイヤを考えてみましょう。企業はこのサファイヤを、利潤《りじゅん》を目的として組織化し、事業化し、運営します。そして企業は利潤《りじゅん》を挙げるべく、ビジネスを定めていきます。

しかしながら、天から授《さず》かったこのサファイヤは、産出と同時に、人類の幸福と、健康と、楽しさという、明瞭《めいりょう》にして十分な価値をすでに与えられているのです。この価値を、企業は十二分に活用し、市場に提供していかなければなりません。十二分に活用することによって、企業の利潤《りじゅん》も正当に確保されるのです。

そこで、企業がこのサファイヤを原石のまま市場に放出するというのであれば、その市場価値は付加《ふか》価値の少ない市場ということになるでしょう。企業はこのこぶし大のサファイヤを、きわめてマックスな状態で量産し、この場合は採掘《さいくつ》するのですが、高度な加工をすることにしたがって付加《ふか》価値を増大することが可能となります。

その際《さい》、どのような付加《ふか》価値を加えていくかということは、どのようにそのサファイヤに磨《みが》きをかけていくかということにも通じます。ビジネスマンは考えるでしょう。世界一優美なカッティングを施《ほどこ》すには、どのようなカッティングが一番優《すぐ》れているであろうか、どのような磨《みが》き方の工夫《くふう》をすれば最も美しい光沢と光反射を生むことができるであろうか、と。

そこでは科学的な手法と、芸術的な職人技が生かされるはずです。こぶし大の磨《みが》かれたサファイヤの中枢《ちゅうすう》、中心点には、何かがあるはずです。その光反射は何かを物語っているはずです。その中心点から発する波動《はどう》はどのような波動《はどう》でしょうか。

その波動《はどう》こそ、このサファイヤが十分に、そして十二分に、その価値を発揮《はっき》していただきたいという大愛《だいあい》の波動《はどう》です。大愛《だいあい》の波動《はどう》なのです。この大愛《だいあい》の波動《はどう》は、高次元《こうじげん》の与えられた価値を完全に発揮《はっき》させようというエネルギーです。

ビジネスのスウィート　スポット

企業は利潤《りじゅん》を追求する目的を持って組織化され、運営されています。そのような企業行動の中で、このサファイヤの中心から発する大愛《だいあい》の波動《はどう》と一致《いっち》するでしょうか。そこが重要な問題なのです。連続のチャンピオンとなるビジネスは、みごとにこの企業目的となす利潤《りじゅん》行動と、このサファイヤの中心から発する大愛《だいあい》の波動《はどう》とを、みごとに一致《いっち》、調和させてしまうのです。

この波動《はどう》調和が、連続チャンピオン　ビジネスのスウィート　スポットと言えるのです。このビジネスのスウィート　スポットを発見するまでに、多大な企業の労力と試行錯誤《しこうさくご》などが見られることもあるでしょう。

しかしながら、ここで述べたとおり、ビジネスの中枢《ちゅうすう》にどのような波動《はどう》を持っていくかということを心がけるのであれば、そのスウィート　スポットの発見はどのような困難があろうとも、簡単に発見し、永年のロングライフ　ビジネスとして成功確立することができるでしょう。

このようなビジネスの社是《しゃぜ》、社風こそが、連続のチャンピオンとしてビジネスを成功させ続ける企業群であると言えるのです。

宇宙の大愛《だいあい》の讃歌

サファイヤの透明性の中を直進する光が大愛《だいあい》の波動《はどう》であり、その美しい波動《はどう》を多くの人々にお見せしたいという願いを持っているのであれば、そのサファイヤに企業成果の発《はっ》揮《き》という光を存分《ぞんぶん》に放射《ほうしゃ》してあげましょう。

ビジネスマンはあらゆるビジネスを通して、そのサファイヤの願いを十二分に発揮《はっき》させていく。それこそが、ビジネスの最大の利潤《りじゅん》に通ずる道であるのです。

サファイヤは、透明性の中を直進する清い光を放つという特性を持っています。その特性は、物質的波動《はどう》ではありますが、高次元《こうじげん》に通ずる波動《はどう》でもあると考えられます。サファイヤ　ビジネスは、このサファイヤの特徴と特性を十分に理解し、その特性と特徴を発揮《はっき》させるビジネスに展開させることが、ビジネスの中心を清め、波動《はどう》を高める、安全で安心のよい、自然の道を歩んでいくことになるのです。

サファイヤ　ビジネスで連続のチャンピオン　ビジネスをなすためには、サファイヤの中心から語りかけてくる言葉を素直《すなお》に聞き取ることが連続チャンピオン　ビジネスのコツと言えるでしょう。

サファイヤの、このような透明性の中を直進する清い光を我々人類にお見せしようとする宝石の存在は、まさに神様から人類へのプレゼントと言えるのではないでしょうか。

大愛《だいあい》という波動《はどう》によって磨《みが》かれたこぶし大の二つのサファイヤは、ビジネスマンは自《みずか》らの両目に、そのようなサファイヤの光を、透明性の中を直進する清き光を、深く降《ふ》り注《そそ》ぐならば、サファイヤ　ビジネスの中心にある連続チャンピオンというビジネスを我が手中《しゅちゅう》に得ることができるでしょう。

サファイヤの清き光は無限の彼方《かなた》へと飛んでいきます。さらにまた、逆から言えば、無限の彼方《かなた》から、サファイヤの清き光が、自《みずか》らの目の中へ飛んできて、くっきりと見えるのです。ここに宇宙の大愛《だいあい》の讃歌があります。

ビジネスマンは利潤《りじゅん》を追求し、正しい利益を確保しながら、このような美しいロマンの中心に浸《ひた》ることができるのです。これこそが、連続チャンピオンのビジネスとして大丈夫と言えるビジネス姿勢です。

サファイヤというこぶし大の原石を磨《みが》き、カッティングを施《ほどこ》していくというプロセスは、ビジネスマンにたとえるならば、偉大な事業をなすという連続チャンピオン　ビジネスへの魂《たましい》磨《みが》きである、人間性を高める光の乱舞《らんぶ》でしょう。

原石は、ダイヤモンドでもルビーでもよいのですが、サファイヤの透明性の中を直進する清き光は、ビジネスマンの視細胞に明瞭《めいりょう》な美しさと滋養《じよう》を与えてくれるでしょう。サファイヤの磨《みが》かれに磨《みが》かれた中心から発する光が、大愛《だいあい》という高次元《こうじげん》の波動《はどう》を自《みずか》らの目に十分感得すると同時に、そのビジネスはビジネスマンとともに神と一致《いっち》して歩んでいるということを自覚できるのです。

これこそが連続のチャンピオン　ビジネスなのです。

ビジネスの火

気分を変えて、ここはスウェーデンの森の中です。

小高い丘に広がる緑豊かな森の中に、一軒の家があります。この家はほのぼのとし、いつも幸福のにおいが立ち込めています。東の窓には太陽の光が降《ふ》り注《そそ》ぎ、毎朝、美しい鳥たちが太陽讃歌の歌を歌い続けます。

家の中心には暖炉《だんろ》があり、この暖炉《だんろ》は有史以来から現在、そして未来へと燃え続けることができます。暖炉《だんろ》のそばには無限のたきぎがあり、冬に備える食糧もあります。

しかしながら、この家の暖炉《だんろ》の火を点《つ》ける時、この一家には一つの掟《おきて》があります。それは、マッチを使って火をおこしてはならない。木と木などをこすり合わせて火を点《つ》けてはならない。石と石を打ち合わせて火花をおこしてはならない。ケミカルのテクニックを使って火をおこしてはならない。電磁波の力を使って火をおこしてはならない。電波の力を使って火をおこしてはならない。あらゆる機械のエネルギーを使って火をおこしてはならない、ということです。

さて、どうしたらいいのでしょうか。

この話は、ビジネスの世界においても応用できるものです。あらゆる素材《そざい》や機械は揃《そろ》っています。立派な工場は隆々《りゅうりゅう》とあります。優秀な人材は大勢《おおぜい》います。事務所として十分なスペースとビルディングを持っています。製造費用と人件費をまかなう資金は十分にあります。

さて、経営者は、そして全ビジネスマンは、どのようにこの事業に、成功という火を点《つ》けるのでしょうか。

この話を逆転して考えてみれば、事業成功の火が赤々と燃えているということは、事業成功のあらゆるいっさいは、すでに与えられたということです。事業成功の火が赤々と燃え続けているということは、赤々と燃えているという事実をもって、すべての条件が満足させられているということです。成功の火が着火すると同時に、あらゆる条件は十分に与えられるのです。

まことの人類の幸福を建設しましょう。まことの人類の健康を建設しましょう。まことの人類の歓喜《かんき》を建設しましょう。まことの人類のすこやかさを建設しましょう。まことの人類の安らぎを建設しましょう。まことの人類の、黄金の城を建設しましょう。

これは、建設業者だけの話をしているのではありません。人の幸福を建設するのです。人の健康を建設するのです。人の歓喜《かんき》を建設するのです。人のすこやかさを建設するのです。人の安らぎを建設するのです。人の黄金の城を建設するのです。人々の幸せに資する貢献《こうけん》が、自《みずか》らの役目を果たす喜びとなり、神様から祝われる聖なる天職とされるのです。

人類を幸福にする火

すべてのビジネスの大成と勝利は、その中心に成功という火が燃焼されなければならないのです。

スウェーデンの小高い森の中にある一軒家の暖炉《だんろ》は、どのようにして火が点《つ》けられたのでしょうか。この暖炉《だんろ》の火が点《つ》けられれば、あらゆる事業の成功の炎は点火させられるでしょう。この暖炉《だんろ》の火は、いかなる暴風雨や台風などによって消されることはなく、爆破によってかき消されることもまったくありません。安全、安心に、幸福な炎をほとばしらせながら、滔々《とうとう》と、無限に燃え続けるのです。

その炎は、雨にも、風にも決して消えることのない、太く、長いろうそくに似ています。決して燃え尽《つ》きることのないろうそくです。その炎は悪魔さえ滅却《めっきゃく》させる力を持つ炎です。さて、どのようにして、暖炉《だんろ》の火を煌々《こうこう》と燃え上がらせることができるのでしょうか。

人類を幸福に建設させる火です。小さな火は偉大な火となり、絶大《ぜつだい》な火となり、太陽となって赤々と人類を照らし続けることができるのです。大宇宙はこの火の力にたとえられるような、絶えることのない、すがすがしいエネルギーによってすべてを貫いています。

暖炉《だんろ》の火に必要なたきぎは、神様が無限に与え続けてくださいます。あなたはそのたきぎに火を点《つ》けるだけでよいのです。暖炉《だんろ》の火の点火によって、その家の中は輝き、暖かくなるのはもとより、世界中の人々にほのぼのとした幸福を与えることができるのです。

神は太陽について人類に請求をなさいません。人類は幸福になるべく創造されているからです。科学では捉《とら》えきれない確かなる力、無限へと続く力。

その家の暖炉《だんろ》の火は、清らかな愛の無限の力によってみごとに点火するのです。

清らかな炎は、愛の対極にある憎しみではありません。いっさいの憎しみという想念《そうねん》を滅尽《めつじん》した清らかな波動《はどう》です。この清らかな愛の炎は、太陽のごとくの大愛《だいあい》であり、全宇宙空間を生かし生かさんとする宇宙の力です。

宇宙の力の発動によって、すべての生きとし生けるものは生かされているのです。清らかな愛の念の炎は、あらゆる事業の成功の炎でもあります。

清らかな愛の念によって点火せられた炎は、神の力であり、エネルギーです。ビジネスの中にこの力の筋道《すじみち》が通ることに従って、そのビジネスは成功するのです。暖炉《だんろ》の煙突から、平和にして平凡《へいぼん》な、ミラクルという香りが広がってくるのを見ることができるでしょう。

三十三層の超如来力《ちょうにょらいりき》

経営の世界、そしてビジネスの世界について三十三の諸側面を考えていきましょう。ピカリと光る絶対的有用性は、三十三通りのきわめてよい諸側面を持っています。経営の世界で明かされる三十三層の超如来力《ちょうにょらい》とは、三十三の諸側面から見た洗心超如来《せんしんちょうにょらい》の絶《ぜっ》大《だい》なお力が示される働きです。

洗心超如来《せんしんちょうにょらい》のお力とは、観世音菩薩《かんぜおんぼさつ》様の集合の明王《みょうおう》というお働きをなされる公《おおやけ》の称号です。ありがたくも超天界からの無限の光と神の知をいただき、我々真人《しんじん》類にお与えくださる尊きお方です。この優《すぐ》れたお力を、経営やビジネスに応用しましょう。これを三十三層の超如来《ちょうにょらい》知経営と言います。

私たちは孤独な経営者ではないのです。孤独なビジネスマンではないのです。常に洗心《せんしん》超如来《ちょうにょらい》様とともに働いているのです。

蓮《はす》の花は泥の池水の上にポツリと咲いています。泥水の上にありながら何ら汚れることなく、まったく美しい白さを天空に放ち、ほのぼのとした高貴な香りを惜《お》しげもなく周囲にただよわせています。

洗心超如来《せんしんちょうにょらい》のお働きは、この蓮《はす》の姿に似ています。どのような所にも洗心超如来《せんしんちょうにょらい》様の花は咲くのです。グッド　タイミングの時節は、洗心超如来《せんしんちょうにょらい》様がお教えくださいます。三十三の諸側面を明かすということは、きわめて科学的であり、その科学的立場は、総合科学的な、聡明《そうめい》な、きわめて有益な結果です。

このようなプロセスを経て、経営やビジネスの諸側面に十分に応用し、個性豊かで合理的精神をクリアーしながら、なおヒューマニックなサービスにあふれているという、クールなフィーリングであるけれども温かい思いやりがある、そのようなビジネスを展開することができるのです。

壁面の合理化

超優良企業は余裕があります。資金があります。有能な人材がいます。優《すぐ》れた設備があります。優《すぐ》れたコンサルタント集団を持っています。それは洗心超如来《せんしんちょうにょらい》がすべてを授《さず》けているからです。洗心超如来《せんしんちょうにょらい》は無限のお力と無限のお働きをもって、その事業をなさんとするあらゆる局面に、無限のお力をお授《さず》けになっているのです。洗心超如来《せんしんちょうにょらい》様は宇宙界から任命されたお方です。洗心超如来《せんしんちょうにょらい》様からの波動《はどう》を授《さず》かることによって、ビジネスは洗心超如来《せんしんちょうにょらい》様とともに歩み出すことができます。

三十三層の超如来力《ちょうにょらいりき》の働きを、経営科学的に分析《ぶんせき》してみましょう。ビジネスのあらゆる展開に際《さい》して、プロセスを科学的に分析《ぶんせき》してみましょう。その結果を総合判断し、洗心超《せんしんちょう》如来《にょらい》様の波動《はどう》にビジネスの羅針盤《らしんばん》を修正するのです。

羅針盤《らしんばん》を修正するだけで、洗心超如来《せんしんちょうにょらい》様はそのビジネスにお力をお与えくださるのです。

ビジネスの展開に際《さい》して改革すべきところは、大きな壁で、そして堅固《けんご》な清き壁面を配してはっきりと区切りましょう。大きな壁面で区切り、分離することで、決定的な合理的利益を再創造することができるのです。

この壁面の決断は、本来目的とする企業理念と、その結果もたらされる利益を再生するために偉大な力を発揮《はっき》するものです。勇断をもって壁面の合理化を決断しましょう。

本質の単純性

三十三層の諸側面とは、きわめて多面的で複雑な様相《ようそう》を呈《てい》しているように考えられますが、本質は、単純な論理で理解することができるのです。

物質の中にあるエネルギーを、いかに十分に引き出していくかということです。物質の特性や本質を十分に理解したなら、その物質の中から最大に活用できる有用性を再生することができます。まるで物質が、その人間による創造物を創造されることを待ち望んでいたかの如《ごと》く、きわめて適合《てきごう》した存在価値のある創造物を具現《ぐげん》することができるのです。これは、複雑性の中からの単純性です。

このような考え方は、単なる物質の世界だけに限定されることではありません。複雑な企業組織や、国家組織においても、同じように考えられます。三十三層の諸側面を通して検分し、個性の豊かさを保《たも》ちながら、合理的スピードを確保するということです。

このように、ビジネスの世界で三十三層の超如来力《ちょうにょらいりき》を応用することができれば、超優良企業としての存在価値をさらに一段と高めることができるでしょう。

洗心超如来《せんしんちょうにょらい》がご降臨《こうりん》された超優良企業は、泥池の上に咲いた蓮《はす》の華の如《ごと》く、きらびやかな、そして高貴な白色《はくしょく》を彩《いろど》りながら、香《かぐわ》しい威光《いこう》を放ち続けることができるでしょう。洗心超如来《せんしんちょうにょらい》はこれを約束するのです。

洗心超如来《せんしんちょうにょらい》は蓮《はす》の華々を、三十三層の諸側面という時局と人々に、無限に降《ふ》り注《そそ》いでくださいます。凛《りん》とした蓮《はす》の華々《はなばな》は随喜《ずいき》の白光《びゃっこう》となって世界の中心を突き抜け、幸福という香り高い精霊《せいれい》を放つのです。

相国《そうこく》の真実

二十一世紀の現在は、国富と世界平和への讃歌の時代です。企業は国家ユニットの繁栄《はんえい》を基《もと》に、世界の平和に確立された安定した利潤《りじゅん》を確保し、世界経済の成長とともに優良企業として成長していくことができます。

相国《そうこく》の真実とは、ワールド　ビジネスの世界にあっては、諸国家の政策という相《そう》が、企業の発展と相互《そうご》関係にあるということです。この諸関係を明らかにするのが、相国《そうこく》の真実です。

現在では、一個の企業が絶大《ぜつだい》な事業成果を単独で掲《かか》げるということは、かなり困難な時代になっています。もろもろの優良企業の繁栄《はんえい》は、諸国家の法的保護に基づく情報の自由な交通に、企業全体の相互《そうご》利益が創造されるということなのです。

企業ユニットだけでなく、大きなプロジェクトの成功は一企業単位の情報蓄積《ちくせき》にとどまらず、プロジェクト関連企業の連合的情報交通の確保に存在します。大企業のみならず、先端中小企業等をも全部含んだ、有機的、有益な情報交通の保全にあるのです。

工業部門については、機械製品の出力端子《たんし》及び入力端子《たんし》等の画一《かくいつ》化、電気容量の標準変換安全装置等、スムーズな製品間の結合、再生等を行い、複雑な機能を合理的に、明瞭《めいりょう》に統一することが必要です。

法律によって保護された情報の自由な交通を、産業目的別のプロジェクト開発として有効に働かせる必要があるのです。保護された自由な情報の交通は、国家レベルを超越《ちょうえつ》して、世界平和の実現に貢献《こうけん》しなければなりません。この論理が相国《そうこく》の真実と言えるでしょう。

相国《そうこく》の真実によって世界は平和に維持《いじ》され、平和のうちに発展と幸福が強く育まれるための、保護された自由な情報交通が実現されるのです。ビジネスの世界はもちろんのこと、世界人は、コスモポリタンとしてのワールドワイドな生活を神様から祝福されるのです。ビジネスはその基点をもって、世界の中心とするビジネスを展開することが実現できるのです。

国家や特定の組織が個人の情報を一元管理することは断じて許されません。なぜなら、プライバシーの保護とともに、人間の自由性を最大に保証し、平和的自由自在な行動を支援しなければならない必要性があるからです。

神様はプライバシーを祝福なさいます。神様は、人間の自由自在性とその支援を祝福なさいます。相国《そうこく》の真実は、人類の平和的伸びやかな発展にあるのです。そしてそのすこやかな発展性に関して、明るい透明性が必要とされるのです。

そのような意味で、地球は本当に狭《せま》い世界となりました。特殊な国を除いて、誰もが数時間でどこへでも行ける時代です。相国《そうこく》の真実の豊かさを追求し、幸福を実現していくのが、現在に与えられた、まことの人類の姿であると言えるでしょう。

実相《じっそう》の真理

では、ここで実相《じっそう》の真理に関して述べることにしましょう。

実相《じっそう》の真理は、透明な完全真理の諸相《しょそう》を主たる中央からすべて見渡し、人間の真の幸福を拡大させることにあります。少々哲学的な言葉のように聞こえるでしょうが、この真理をわかりよく、少し具体例に当てはめて考えてみようと思います。

実相《じっそう》の真理を生きるということは、透明な時代の中で生き抜いていけるということです。何を意味するのかというと、実相《じっそう》の真理を観察するということ、無駄《むだ》な摩擦《まさつ》や、無駄《むだ》な拮《きっ》抗《こう》を滅却《めっきゃく》するということです。

実相《じっそう》を観ずることができれば、いっさいの無駄《むだ》を省くことができ、いっさいの無用な煩《ぼん》悩《のう》を除くことができます。

たとえば、複雑な迷路の中を蟻が入口から入り、出口に出ようとする場合、その迷路の屋根を取り除き、人間が上空から見ることができます。その場合、蟻はあちこちと、たくさんの迷路の道を歩み、または引き返し、出口を方々に探そうと、大変な努力をしています。

これは、人間が上空から見れば、無駄《むだ》な努力です。人間はその迷路を上空から眺《なが》め、ここは行き止まり、ここは通行ができる、ここは蟻地獄がある、ここは一見行けそうに見えるが先は複雑で行き止まりである、というようなことが一目瞭然にわかります。

これは実相《じっそう》を観察するということの一つの例です。人間社会においても、このような迷路がたくさんあるように思えるでしょう。たくさんある迷路の、屋根をはずし、上空から実相《じっそう》を観察することによって、いともたやすく入口から出口へと到達することができるわけです。

人間は高等生物です。このすばらしき感情を上手に、巧みに用いれば、最高の芸術を編み出し、最高の生活空間を編み出し、太陽の無限の大愛《だいあい》にも勝ろうとする最高の人間の情愛を見いだすことができます。

これは、実相《じっそう》の真理を神の目という優良な観察者の立場で洞察《どうさつ》し、見渡すことによって現れる事々《ことごと》です。

やさしく言うと、社会の構成は実相《じっそう》を観察することによって、すべてが健全性を持ち、適材適所に人類が配分され、区別され、その与えられたる天命が十分に発揮《はっき》され、おのおの幸福が与えられるということです。

実相《じっそう》の真理をさらに観察すれば、このような真の天の配剤《はいざい》が、まったく有効に、すべて透明に見渡すことができ、これを十二分に把握《はあく》して行動することができます。銀河系の星々の動きから、全人類まで、実相《じっそう》の真理を把握《はあく》する者にとっては、すべてを透明に見通すことができるのです。

どのような人々が隠《かく》れ蓑《みの》や隠《かく》れ家《が》に潜《ひそ》もうとも、実相《じっそう》の真理の観察者から逃れることはできません。実相《じっそう》の真理を観察することによって、すべてを見通す神の目を与えられるのです。透明な時代、透明な時代へと変革《へんかく》しつつある時代に際《さい》して、実相《じっそう》の真理を観察することのできる人々は、大いなる幸福の上に幸福を拡大させ続けることのできる資格者なのです。

化相《けそう》に勝利せよ

シュガーでできた列車があります。シュガー、いわゆる甘言でできた、それですね。その列車と、鉄でできた列車があります。大衆はこぞってシュガーでできた列車、いわゆるシュガー列車に乗りたがろうとし、こぞって乗り込みます。しかしながら、実相《じっそう》の真理を観察する者は、そのシュガー列車の目的地がどこなのかということをすでに観察し、知っているのです。

これは、実相《じっそう》の真理を観察することによって明瞭《めいりょう》に見えてくるのです。この真の目的地とは、時刻表に書かれてある目的地ではありません。実相《じっそう》の真理という、いっさいのまやかしを粉砕《ふんさい》する非常に強力な、強靭《きょうじん》な神の目で見た透明さが、そこに現れるのです。

実相《じっそう》の真理の観察者は誰も乗ろうとしない、鉄でできた列車に赴《おもむ》きます。鉄の列車は誰一人乗ろうとせず、誰も乗っていません。しかしながら、実相《じっそう》の真理の観察者は、悠々《ゆうゆう》と、そして正々堂々と、ゆったりとした足取りで鉄の列車に一人どっかりと腰を落ち着けるのです。

大衆は皆、この、一人で乗っかっている鉄の列車に乗る人を、大バカ者と言い、大アホウと言い、腹を抱《かか》えて笑い転げているのです。シュガー列車に乗っている人は、金銀ピカピカの列車の中で、感謝のない美食をむさぼり、犬と戯《たわむ》れているのです。まことにわかりやすく、簡単な種《たね》明かしです。

さらに、ビジネスの世界では、たとえば、工業製品に関して、二十五ミリのボルトがコスト的には一番最適で、利潤《りじゅん》率が上がり、大量生産にとって都合《つごう》のよいものであったとします。それは単純に考えれば、短期的に利潤《りじゅん》の上げやすいボルトであったのです。しかしながら、実相《じっそう》の真理の観察で示されるボルトは、三十一ミリのボルトであるということがわかっているのです。

どういうことかというと、三十一ミリのボルトを使用すると、コスト的に、企業として利潤《りじゅん》が上がりません。しかし耐久力は格段に上昇し、製品の安定性と信用度は、はるかに向上します。不意の衝撃《しょうげき》にも、チタンを合金することにより十分耐えられる衝撃《しょうげき》対抗力ができます。

あなたが設計部門の責任者だとします。もしくは、あなたが生産部門の工場長であったとします。または、あなたはその工業製品を代表する企業の責任者であったとします。普通のボルトと三十一ミリのボルト、どちらのボルトを採用するでしょうか。

そのとおり。三十一ミリのボルトですね。実相《じっそう》の真理の観察者は、化相《けそう》に対して完全な勝利を収めることができるのです。実相《じっそう》の真理を見極《みきわ》める者は化相《けそう》に完全に必勝し、利益を得るのです。

うさぎはぴょんぴょんと早く進みます。オオウミガメはゆっくりと、ゆっくりと、人が見ればまだそこにいたのかと思うほど、ゆっくりと歩みます。うさぎはもともとそのような動物ですから罪はないのですが、実相《じっそう》の真理を見る透明な目から見れば、オオウミガメのゆっくりとゆっくりとした行動が、むしろ理に適《かな》っているというわけです。

必勝の成就《じょうじゅ》

実相《じっそう》真理の観察者は、チームワークと、自分正直という関係を、非常にうまく運んでいくことができます。チームワークは全体の調和と、全体的利益を創造する集団です。チームワーク全体の共通した目的に応ずる意志疎通《そつう》が行われているのです。

自分に正直であるということは、それ自体、大変にすばらしいことです。自分にまったく正直で、内外において嘘《うそ》を言わない、これは信用を得るために必要なことです。チームワークと自分正直を最大限にうまく調和させることが、実相《じっそう》の真理を観察することによって、優良に成就《じょうじゅ》できるのです。この成就《じょうじゅ》はまさに必勝の成就《じょうじゅ》です。

なぜ必勝の成就《じょうじゅ》を掴《つか》むことができたのかと言いますと、実相《じっそう》真理を観察する者はその目的地を知っているからです。

目的地とは、自分自身の幸福であり、全体の大幸福への道でもあるのです。いわゆる、自分と全体の最大の共通する大幸福という目的地を知悉《ちしつ》しているのが、実相《じっそう》の真理なのです。

実相《じっそう》の真理を観察するに従って、すべての部門、すべての社会関係、すべての世界環境が、最も優良にして、自分自身の最大の利益につながる、幸福の道を教えてくれるのです。それは正々堂々とし、悠々自適《ゆうゆうじてき》とした、強く正しく明るい世界の中の、自《みずか》らの理想実現なのです。

そして、この理想実現の姿は、実相《じっそう》の真理を観察することに従って、全体の調和と、全体の利益へと、幸福を拡大する有資格者となり、社会的大きな働きをなすことができるのです。企業という城の天守閣から、実相《じっそう》の真理を、広く、遠く、眺《なが》めてみましょう。天守閣から見える実相《じっそう》の真理を、企業具現《ぐげん》することによって、企業はさらなる堅固《けんご》な大発展を続けていくでしょう。

必勝の楽しいメロディ

サクセス　ビジネスの繰《く》り返しは、魂磨《たましいみが》きの一環でもあります。真心《まごころ》の中に楽しいメロディを充満《じゅうまん》させましょう。

あらゆる悲しみは存在しません。あらゆる不幸は存在しません。本来、悲しみはないのです。本来、不幸は存在しないのです。なぜ、悲しみや不幸が存在しないかということをお答えしたいと思います。

人間は、感謝することができる、万物《ばんぶつ》の霊長であるからです。必勝の楽しいメロディあふれる人生を、万物《ばんぶつ》の霊長は、長く、幸福に、生きることができるのです。万物《ばんぶつ》の霊長たるまことの人間は、感謝することができるのです。

人生の必勝、あるいはビジネスの必勝は、方向性とベーシックなチェックをなすことに従って、必ず成就《じょうじゅ》します。そして楽しいメロディあふれる人生は、宇宙一統《いっとう》の神様へ感謝することによって得られるのです。

慈《いつく》しみのある神の信託《しんたく》性

すべての良き生命は生かされています。すべての物質は輝いて存在しています。銀河のすべての良き生命は、もちろん、地球上のあらゆる生命は、人間によって生かされているのではありません。もっとも、保護動物というものたちもありますが、それは特殊中の特殊であって、問題ではありません。

私たち人間が生かしているのではないのです。それでは、誰によって生かされているのでしょうか。

そうです。大宇宙の調和の力の中で、宇宙一統《いっとう》の神様によって生かされているのです。このすべての良き生命体に対して、私たち人類は、慈《いつく》しみの真心《まごころ》を持って見る必要があるのです。慈《いつく》しみの真心《まごころ》をもって接する必要があるのです。慈《いつく》しみの真心《まごころ》を持つことによって、自《みずか》らの生命《いのち》の尊さを自覚することができるのです。

そして、すべて良き生命の調和ある繁殖《はんしょく》に従って、私たち人類も生かされているのです。この、生かされている、という事実に気づき、感謝することができるのが、まことの人間です。

悲しみごとは、本来は存在しないのですから、消え去り、放散消滅《ほうさんしょうめつ》しています。あらゆる不幸ごともまた、本来存在しないのですから、消え去り、放散消滅《ほうさんしょうめつ》しています。

まことの人間、まことの人類が、宇宙一統《いっとう》の神様に感謝する能力を与えられているからにほかなりません。健康にして清浄《せいじょう》なる精神は、銀河の美しきすべての様相《ようそう》を、感激し感知する能力を与えられているのです。

これはすべての良き生きとし生けるものを、慈《いつく》しみの目をもって見ることができるという、まことの人間に与えられた能力です。美しき銀河を見渡すことのできる感激と、感知能力は、万物《ばんぶつ》の霊長の証です。すべての良き生き物を見るということは、すべての良き生命に対する尊敬の念を自覚するということでもあります。この美しさへの感激と感知能力は、神様の分御霊《わけみたま》と言うことができるでしょう。古くからこの分御霊《わけみたま》のことを、神の信託《しんたく》性とも、神の我《が》、いわゆる神我《しんが》とも記されています。

すべての良き生命を慈《いつく》しむというまことの心は、その真心《まごころ》自身、神の信託《しんたく》性が存在するという理《ことわり》です。必勝の楽しいメロディあふれる人生、万物《ばんぶつ》の霊長たる、長寿、健康の人生は、このような慈《いつく》しみを持つことのできる真心《まごころ》からはじまるといえるのです。

自《みずか》らが強く生かされているという、その感謝のために、爆発的な神知《しんち》、神様の偉大な知力が、そしてその中に花火の如《ごと》くひらめきがはじけ、堅固《けんご》な柱の如《ごと》く建ち並び、知らず知らずのうちに実現していくことができるのです。

さらに、神様の次元から示される言葉に置き換《か》えるならば、必勝の楽しいメロディあふれる、健康にして、長寿な人生はすでに与えられたのであり、私たちはまさに現在そのプロセスを、感謝しながら、楽しく、嬉《うれ》しく、歩んでいるのです。

美しき銀河のすべてを感激し感知する能力は、神の信託《しんたく》性の最も充実した万物《ばんぶつ》の霊長たる証《あかし》です。

あらゆる悲しみも不幸も存在しない

ビジネスの必勝は、その事業の方向性とベーシックな要素のチェックにあると、明らかに言うことができるでしょう。あらゆる悲しみは存在しません。あらゆる不幸は存在しません。それらは本来、存在しないからにほかなりません。それらは、原初のはじめから、創造されていないのです。

慈《いつく》しみの神の性という真心《まごころ》を常に持つことによって、必勝の楽しいメロディは、ほんもののメロディとして、私たちの人生の先行きを、明るく輝いて、見通しを堅固《けんご》に立たせてくれるのです。これをほんものの幸福と言うことができるのです。

そこに、神が与えし強き運命が開かれ、神が与えし潤沢《じゅんたく》な、正しい財産が与えられるのです。神が与えし、このすばらしき銀河という財産を、真心《まごころ》を持って活用するならば、美しき銀河の調和を感激し、感知することが十二分にできるでしょう。必勝の楽しいメロディは、そこからはじまるのであり、一〇〇％神の信託《しんたく》性の流れの中に、幸福のプロセスがあるのです。

まことの人類の進化は、観自在菩薩《かんじざいぼさつ》と感応道行《かんのうどうこう》するでしょう。神の信託《しんたく》性に目覚《めざ》めたまことの人間には強さが与えられています。正しさが与えられています。明るさが与えられています。

あらゆる悲しみは消え去ります。あらゆる不幸は消え去ります。なぜなら、本来、あらゆる悲しみは存在しないからです。あらゆる不幸は存在しないからです。仮にそのような現象が起こったとしても、それは幻の現象であり、真実ではありません。そのまぼろしの現象は必ず消え去るのです。その幻は、小さな歴史として人生のささやかな教訓となるでしょう。

神の信託《しんたく》性を自覚することによって、最高の健康と、最高の幸福への道へと治り、完治してしまったのです。悲しみや傷や病《やまい》は、本来、ないものですから、現象として完全に消え去るものです。

神の信託《しんたく》性を自覚したならば、その時点で、完全なる理想の姿が、強いエネルギーとなって内部から湧き起こってきているのです。したがって、あらゆることごとは神が変ずるがごとく、治りに治り、完治してしまったのです。治りに治り完治してしまったという事実を気づかされるのは、第三の目です。

第三の目

第三の目と言いますのは、まさしく、神様の目です。神様の目と相通ずるという感謝を持つことに従って、必勝の楽しいメロディあふれる人生が、永久に続くのです。

サクセス　ビジネスの繰《く》り返しは魂磨《たましいみが》きであると語りました。心の方向性と、ベイシックな要素のチェックが、人生の必勝の道であり、そしてまた、ビジネスの必勝の道である、ということができるのです。これは常識ある人間として常に注意し、努力し続けなければなりません。

その努力は相当の労力を伴《ともな》うものです。しかしながら私たちはここで、神の知というものを得ることができたのです。それは、もちろん、神の信託性《しんたくせい》ということです。

この神の信託性《しんたくせい》という、神様からたまわり、受理した、輝ける光を、自《みずか》らの魂《たましい》に結びつけることによって、先ほどの、相当な努力を伴《ともな》うチェック機能を、フル　オートマティックにできるようになるのです。これは、まことにありがたいことです。自《みずか》らが知らぬうちに、神の信託性《しんたくせい》が発動し、絶大《ぜつだい》なる無限の働きが、すでに行われてしまうからです。その働きは完全にして即座なものです。

神様の理《り》に適《かな》う方法によって、即座に理想実現へと、運命が起動してしまうのです。神の理の実現は、不当な心配はいっさいいりません。不当な労役《ろうえき》はいっさいいりません。不当な無駄《むだ》はいっさいいりません。不当な回り道はいっさいいりません。不当な停滞《ていたい》はいりません。不当な渋滞《じゅうたい》はいりません。すべてが理想に適《かな》うのです。

この神の理《り》に従う方法こそ、必勝の楽しいメロディあふれる人生です。ビジネスです。

世界の平和を叫ぶ

戦争による地球文明の進化をこのへんで卒業しないと、まことに恥ずかしい人類史に終《しゅう》息《そく》してしまいます。二十一世紀の目覚《めざ》めた季節からは、まことの人類による恒久《こうきゅう》平和のしっかりとした、太く、堅固《けんご》な柱が、幾重《いくえ》にも確立されねばなりません。

そもそも宗教は民族の平和をもたらし、民族と民族との優《すぐ》れた恒久《こうきゅう》平和をもたらす架《か》け橋でありました。ところが、歴史を眺《なが》めてみると、宗教の気高い精神を忘れ、その組織の上に立つ者らは宗教の団結性を悪用し、自己中心的な欲望を達成するために、さまざまなもめ事や戦争を誘発する事態をつくり出し、そして自己中心的戦争を行ってきたのでありました。

国益を代表とするところのもめ事や戦争もまたこれと同じ要素を持つものでした。帝国主義や覇権《はけん》主義は、もうすでに遺物《いぶつ》となりましたが、破壊されたその間違った思想のかけらが、世界中のあちこちに、いまだに散見《さんけん》されるのも事実です。武器商品が巨利を得る時代は過ぎ去らねばなりません。戦争経済による物需の発展は遺物《いぶつ》にならねばなりません。

大成するまことの人類には、絶対に世界平和が必要なのです。まことの人類の誇《ほこ》れる歴史は、世界平和の継続《けいぞく》と恒久《こうきゅう》な平和のための努力が、求められ続けているのです。

これはまことにむずかしいことですが、違う角度から考察するなら、まことに簡単なことなのです。

それは、宗教思想の組織の上に立つ者たちがクリーニング　ハートを成就《じょうじゅ》、実践《じっせん》することからはじまります。諸国家の指導者がクリーニング　ハートを成就《じょうじゅ》、実践《じっせん》することからはじまります。世界世論のオピニオンがクリーニング　ハートを成就《じょうじゅ》、実践《じっせん》することからはじまるのです。これはまことに簡単なことです。

二十一世紀の目覚《めざ》めの季節は、このようなクリーニング　ハートの成就《じょうじゅ》と実践《じっせん》に基づく、世界平和の人類の意志力による実現です。これでこそ、まことの人類は宇宙の中から永久の生存と、その存在を認められることになるでしょう。

宇宙時代のビジネス

奇《く》しくも世界平和の最もベーシックなところに、クリーニング　ハートという、必ず通さなければならない関門が存在したわけです。国際社会は一つにまとまる方向性にあります。国際連合はその最たるものですが、構造自体の変革《へんかく》が求められています。設立当初以来の、勝戦国連盟の思想をいつまでも引きずっていてはなりません。参加国がすべてニュートラルで公平な立場により運営されなければならないのは、しごく当然のことです。

このような話はすでに過去のこととなり、恒久《こうきゅう》の世界平和が確立されることになるでしょう。クリーニング　ハートをプレゼンスする地球は、今、銀河世界に飛び立たんと待機しているのです。嬉《うれ》し嬉《うれ》しい、楽し楽しい理想具現《ぐげん》の世界が、今現在の中に意識改善されて、存在しているのです。

ビジネスはこの大きな波に乗りましょう。地球時代なのではなく、宇宙時代なのです。精神の波動《はどう》が高まれば、肉体の波動《はどう》も高まります。守護をする波動《はどう》も、はるかに高まるのです。人類の背後を追いかけてきた罪障《ざいしょう》は消滅《しょうめつ》したのです。めでたきは、明るい現在。めでたきは、明るい未来です。

世界の平和を中心に据《す》えましょう。人類の一人ひとりが、世界の平和を中心に据えることに従って、平和の種が世界中に蒔《ま》かれることになるのです。世界の平和を中心に据《す》えることによって、世界のすべての地域が、すべての町々が、聖地となるのです。

武器の中の銃弾を花に変えましょう。世界中のいたる所に花が見えるようにしましょう。世界平和の花々が、人類のクリーニング　ハートによって、永久に咲き誇《ほこ》るようにしましょう。人類は世界平和の実現を成就《じょうじゅ》したることを、神に感謝しましょう。

第三部

ワールドピースビジネスの成功と勝利は感謝からはじまる

清めの痛快

世界の平和に貢献《こうけん》できるビジネスマンは、幸せなビジネスマンです。国際連合は世界連邦への脱皮《だっぴ》の道を歩んでいます。世界の武力は、そのような理想的な統一機関によって、管理されることとなるでしょう。あらゆる物事《ものごと》は、それは人間の肉体にも通ずることですが、そのようなさまざまの事柄《ことがら》が、理想という完治へ至るためのプロセスに際《さい》して、快い痛みというものが、必ず伴《ともな》うのです。

このような快い痛みは、あらゆる物事《ものごと》の理想的な実現、理想的な癒《いや》し、理想的な完治に向けて、必ず伴《ともな》うものです。このような快い痛みは必要悪ではなく、必要善に属する物事《ものごと》です。これは、清めのための快適な痛みであり、癒《いや》し実現の証明でもあるのです。このような痛みは、生きているということの証《あかし》であり、証明でもあります。

恐れず、快い痛みを受け入れましょう。恐れず、改善のための快い痛みに対面しましょう。恐れず、完治のための快い痛みを伴《ともな》うトレーニングを遂行しましょう。このような痛みは清めのための、貴重にして、重要な痛みであるということが理解できるでしょう。

クリーニング　ハートを伴《ともな》う大改善への痛みには、無限のエネルギーが供給されるのです。ゆえに、痛みはいつまでも痛みであることはなく、その痛みは快適な痛みへと改善されているのです。無限生命エネルギーの供給により、その痛みを発端《ほったん》とする局部は、すでに癒《いや》しのエネルギーによって充満《じゅうまん》され、完治のための無限のエネルギーが注がれるのです。これを清めの痛快、と言うことができるのです。

般若《はんにゃ》の実践《じっせん》

清めの痛快は、般若《はんにゃ》の実践《じっせん》です。般若《はんにゃ》の実践《じっせん》とは、神の知に命ぜられる完全への道です。神の知とは、神知《しんち》の知力《ちりき》です。神様の知識の、集約的、最大要素ということがいえるのです。

そのような神の知に、自《みずか》らの心のチャンネルを合一《ごういつ》した時、大宇宙から命ぜられる、超感覚的知識ということがいえるのです。これは、独断的に大宇宙から命ぜられるのではなく、自《みずか》らの心が神様に波動《はどう》を合わせようと努力した時、直感的に得られる命令です。

この命令はきわめて多元的、宇宙的、クリーニング　ハートによって実証《じっしょう》されたハイレベルの命令です。そのような神の知によって命ぜられたその時局時局によって完全と認められた道への、断固《だんこ》たる歩みの継続《けいぞく》であるのです。完全への道は、さまざまなプロセスがありますが、神様からの知によって命ぜられるところのそれは、絶対的必勝の道であるということです。そしてその道は、まったくの完全へ至る輝かしい道であるということです。

これを、般若《はんにゃ》の実践《じっせん》ということができます。清めの痛快は、般若《はんにゃ》の実践《じっせん》です。

神様からの知をたまわるということは、無用な考えをいっさい必要としないということです。いわゆる人間的な煩悩《ぼんのう》の考えをいっさい滅却《めっきゃく》することからはじまるのです。人間的な欲望はいっさい必要でないということです。

もちろん、クリーニング　ハートが全体にわたって遂行される中心の立場であれば、そこに濁《にご》った欲はいっさい存在し得ないわけです。明断《めいせき》全開の法の力がそこに迸《ほとばし》りながら漲《みなぎ》るのです。そして、このような感謝溢《あふ》れる素直《すなお》な健全生活は、煩悩《ぼんのう》の考えをいっさい捨て去るのです。すがすがしく起床して、朝日の陽光を浴びながら、健康のための滋養《じよう》ある朝食をいただき、マグカップに注がれたアメリカン　コーヒーを十分堪能して、ヘルシーなモーニングを迎えましょう。そして近くの森林に出かけ、遊歩道をゆったりと小《こ》一時間散歩してみましょう。

完全への道の発見

何も考えることなく、何も煩《わずら》わされることなく、何も心配することなく、ただ朝日の陽光を浴びながら、ヘルシーな波動《はどう》と一致《いっち》して、足を前へ前へと進めましょう。何も考える必要はないのです。何も考えてはなりません。

ただ小鳥の鳴き声や、竹林《ちくりん》の葉の風音や、森林の生気ある香りに注意を注《そそ》ぎましょう。そして自然のささやきに聞きほれるのです。そしてまた歩みはじめましょう。何にも捉《とら》われることなく、ただ歩みましょう。足を前へ前へと進めるだけでよいのです。何も考えてはなりません。

ただ悠々《ゆうゆう》と、足元と前方《ぜんぽう》を軽く見据《す》え、歩くだけでよいのです。ところどころに大きなベンチが見つかるでしょう。ベンチを見つけたならば、ほんの少し休憩してみてください。そしてまた歩みはじめてください。何も考えない散歩の、ひたすらな、一途な続行です。軽やかに歩いてください。ただそれだけで結構《けっこう》です。このような散歩は、般若《はんにゃ》の実践《じっせん》に通ずるところがあるのです。

太陽とともに散歩してみてください。朝日を浴びながら散歩をしてみてください。夜は屋根の下で、何も考えず、すばらしい音楽を聴いてみてください。

このようなヘルシーな生活の波動《はどう》の中に、散歩で何も考えることなく足を運んでいる、その刹那《せつな》、刹那《せつな》の朝日の光の間に間に、神の知の命ぜられる完全への道が発見されるのです。これが必勝の道であり、神様から大いに祝福された道であるのです。

清めの痛快とは、このような、改善への道を歩む大改善への大いなるステップであり、必ず乗り越えられる壁を乗り越えた時の、快い痛みです。この快い痛みこそ生きているという証《あかし》です。

世界の平和に貢献《こうけん》される、神様から祝福されしビジネスマンは、清めの痛快のプロセスをみごとに通過し、栄光を必ず勝利して取得することができるのです。その必勝たる栄光に、神様への感謝を表しましょう。

清めの回復

聖霊《せいれい》への力が働く、大いなるうねりの時代は、経済産業に際《さい》して、清めの回復が強く実現される時です。今日までの無駄《むだ》やひずみや不合理な部門が一掃され、大改善されて、再び新たにデビューし直す季節であるのです。

正しい理念は必ず成功裡《り》に実現し、経済産業活動が回復します。インフレーションにあっては抑制《よくせい》経済政策を、デフレーションにあっては調整インフレ政策を、強く履行《りこう》する必要があります。浅はかな数値に翻弄《ほんろう》されてはならないのです。必ず勝利する長期的経済展望が必要です。

奇跡は、民族の勤勉の中から無限につくり出すことができるのです。何気なく、つまらない、勤勉という努力の絶え間ない継続《けいぞく》が、奇跡をつくり出していくのです。したがって、奇跡はどこにでも存在しています。奇跡の出現は不可能ではないのです。日頃《ひごろ》の地道《じみち》な努力の積み重ねが奇跡を生み出すのです。これを、日頃《ひごろ》の般若《はんにゃ》の実践《じっせん》といいます。

般若《はんにゃ》の神々《こうごう》しい光を自《みずか》らの背に浴びて、今日まで不可能と思われていたことが、みるみると実現し、私たちの日常生活に具現《ぐげん》してくるのです。

この般若《はんにゃ》の実践《じっせん》という強い信念を抱《いだ》いて、清き回復が実現されていくのです。清き回復の実態は、銀河系の、強く、正しく、明るい波動《はどう》から地球へ向けられ、地球自身がその正しき波動《はどう》に反応し、回復の歩みを強めるのです。

これは同じく、銀河系からのその波動《はどう》が私たち人類に強く降《ふ》り注《そそ》ぎ、私たち人類がまことの人類へと、健全に、強く歩んでいくことのできる感謝のたまものとしての回復です。これは経済活動に際《さい》して安定的な成長を示すものであり、向上的な好景気を指標《しひょう》とする基礎的勢力のある国民動向を示しているのです。

清《きよ》めの回復は、このような強い勢力を済生《さいせい》させんがためのプログラムなのです。

心洗われし宇宙の理法

経済活動においても、クリーニング　ハートの考え方が必要です。心清らかに、安全で安心できる商品を世界人類に供給することができるのです。清き回復とは、このようなことを言うのです。

心洗われし宇宙の理念、そして心洗われたこの宇宙の理念を、法の力をもって具現《ぐげん》しましょう。これは、心洗われた宇宙の理法と、大きく言い得ることができると思います。

心洗われた、健全な精神状態は、まさしくクリーニング　ハートと称《しょう》されているのですが、このクリーニング　ハートが、すべての行動の前提となるのです。そしてこの前提が了解《りょうかい》され、日々の生活に浸透《しんとう》したならば、宇宙の理法が自《おの》ずと展開してくるのです。

日々の宇宙の理法の実践《じっせん》は、その継続《けいぞく》と積み重ねに従って、力となるのです。これは高《こう》次元《じげん》の力であり、多次元の力です。日々、このように宇宙の理法を成就《じょうじゅ》し、楽し楽しい生活を行えば、これが法力《ほうりき》として、私たちの日常生活、私たちの大いなる生活空間、私たちの社会情勢を、すべて守ってくれるようになるのです。

これは摩訶《まか》不思議なことではありますが、事実です。清き回復とは、このようなことからはじまるのです。心洗われし宇宙の理法は、因縁《いんねん》を解脱《げだつ》させてくれます。あらゆるしがらみから解放してくれるのです。あらゆる不自由から解放してくれるのです。あらゆる障《しょう》害《がい》を解き消してくれるのです。

なぜなら、宇宙は、楽しく、明るく、嬉《うれ》し嬉《うれ》しがなるための創造を行われているからにほかなりません。

その真心《まごころ》をしっかりと体得《たいとく》し、般若《はんにゃ》の実践《じっせん》を、日々絶え間なく続けることによって、清めの回復が必ず実現するのであり、また、実現されたのです。そこに私たちの感謝が存在するのです。

必然の奇跡

神様からの光り輝く神々しい光の想念《そうねん》は、無から有を創造したまいます。すべての美しく輝く色調に満たされているのです。すべての感覚は、正しき良き波動《はどう》に調整されるのです。透明な銀河は色とりどりに眺《なが》め見通すことができるのです。

三十九億年というカクテルの中の元素と分子は、私たち人間を、人類を、創造したのです。これを奇跡と言わなくて何と言うでしょう。この人間の生誕は、必然の奇跡なのです。

天の川の岸辺に立ち寄るフェニックスは、私たちにブルーの石を運んでくれるでしょう。ブルーの美しい石は、私たちにどこに奇跡があるのかを教えてくれるでしょう。清き回復はすでにはじまっているのです。飽きることなく、疲れを覚えることもなく、悲しむこともなく、諦めることもなく、ただひたすらに、般若《はんにゃ》の実践《じっせん》を行うことです。

クリーニング　ハートをマスターしたすべての人々に、ハワイの長老が、美しき貝殻《かいがら》でできたネックレスを授《さず》けるように、絶対に奇跡の必然が、ごくありふれたもののように、授《さず》けてくれるのです。これは、日常の中の、絶対の成功が実現されたということです。この宇宙の理法の底に、清めの回復が成就《じょうじゅ》されたのです。

忍耐強く、絶対の必然に向かって、良き努力を絶え間なく続ける、という継続《けいぞく》の力が法の力となって、知らず知らずのうちに私たちが救われるのであり、救ってくれるのです。清めの回復は成就《じょうじゅ》したのです。

心洗われし宇宙の理法という光り輝く船をつくってください。その船は、精神であり、肉体です。その光り輝く船こそが、健全なる精神のエネルギーの塊なのです。そして、長い眠りから目覚《めざ》めた時、コバルトブルーの星と、エメラルドグリーンの星と、二つの太陽を見ることができるのです。何とすがすがしい人生でしょう。まばゆいほどに世界が見えます。人々の表情は明るく見えます。思わず神様に感謝するでしょう。清き回復は実現されたのです。

清き発展

さぁ、企業家諸君、神の丘に集い、世界の立て直しをはじめましょう。まことの清めの発展を今からはじめるのです。無敵の神軍《しんぐん》が、我々にはついているのです。何も恐れる必要はありません。ただ淡々《たんたん》と自《みずか》ら与えられた使命を果たし続けましょう。

理想実現の時代が来たのです。花々は咲き誇《ほこ》り、小鳥たちは、木々のたわわな実を食し味わい、楽しく堪能《たんのう》しています。食事が終われば、伸びやかな美しい声で歌を歌いはじめるのです。理想の時が来た、と歌っているのです。

今のこの時代は、社会資本に際《さい》して、人間の尊厳《そんげん》、公共のゆとり、そして公共の楽しみに、大きく振り向けられています。森林に多くの遊歩道が建設されています。その遊歩道は百メートルの道路であり、もちろん、人間のみの通行です。中央には人工の小川が延々と続き、小川の両サイドには果実をもたらす常緑樹がとどまることなく植えられています。これらは中央遊歩道として諸国民に愛されている遊歩道です。この中央遊歩道は、小川をはさんで、双方が一方通行の遊歩道です。

なぜ一方通行になったのかということを述べましょう。

今、この時代の人々は、瞑想《めいそう》を行いながら散歩をするのが習慣となったからです。中央遊歩道では、前方《ぜんぽう》から人が歩いて来ないわけですから、悠々《ゆうゆう》と自《みずか》らの瞑想《めいそう》を楽しみながら歩くことができるからです。人々がUターンしたい場合は、小川を越えて、片方の一方通行へと進路を変更するのです。この規則を破ることのできる特権は、野原に住むリスたちや、珍しい名前の野鳥のみです。

中央遊歩道は排水設備の整った砂利道です。自転車や自動車はまったく通りませんから、安心して散歩を楽しむことができるのです。つまらなく、たわいのないことが、大切にされる時代です。

今のこの時代は、人間の身体《からだ》を構成する元素、分子、細胞に、すべて生気《せいき》と正気《しょうき》が充実していますから、すべての人々は、すこやかで元気はつらつとしているのです。病気は消え失せてしまったのです。健全なる精神の波動《はどう》はあらゆる細胞にまで染み渡って発動、発信しているのです。

安らぎの根本——明晰《めいせき》なる全開の証《あかし》

清めの発展は、森林浴を楽しむ時でもあります。森林の中を通り抜ける、太く大きな道は砂利道で貫かれ、両サイドにはほうぼうに、ゆったりとした背もたれのある安楽ベンチが設置されています。ベンチには、小鳥の声を楽しむ人々、スケッチをしている人や、瞑《めい》想《そう》にふけっている人が、楽しそうにくつろいでいるのです。

清めの発展と、ゆとりとは、同時に存在するものです。一町《いっちょう》ほどもある山裾《すそ》の太き竹林《ちくりん》からは、気の澄《す》んだ、澄《す》み渡った、爽《さわ》やかな風が吹いてきています。この澄《す》み切った空気を身体《からだ》全体に呼吸し、全身に染《し》み渡らせるのです。大いなる天地の恵みに感謝せざるを得ません。

清めの発展とは、安らぎの行いです。安らぎの行いは、般若《はんにゃ》の実践《じっせん》によってもたらされるのです。安らぎの発展こそ、神がお計《はか》らいになっておられる完全へと、強く推《お》し進められていくものです。そこに安らぎの生活があり、安らぎのゆとりがあり、安らぎのサクセス　ビジネスが存在するのです。

安らぎの裏打ちとは何でしょうか。安らぎの論拠《ろんきょ》を、どこに求めるのでしょう。安らぎの根本とは、どこに存在するのでしょうか。

その答えは、まことに簡単なのです。クリーニング　ハートをなす真心《まごころ》は、すでに、全精神と全肉体が大健全になるべく計《はか》られているのです。

そこでなすべきことは、宇宙界の神様への全託《ぜんたく》です。宇宙界の神様にすべてを託《たく》し、人間界に際《さい》しては、一〇〇%の積極性を保《たも》ちながら、すべてを全託《ぜんたく》するということです。

そこに、清めの発展に際する安らぎが、確固《かっこ》として存在するのです。明晰《めいせき》なる全開の証《あかし》は、そこにあるのです。明晰《めいせき》なる全開を与えられるに従って、運命は開かれ、安らかなる理想の実現を見ることができるのです。

これは何ら、むずかしいことではありません。私たちが用意するのは、クリーニングハートのみでよいからです。基礎はすでに打ち終わっています。今は堅固《けんご》な鉄骨を高く組み上げる時です。神の時と場所は、すでに与えられていますから、正しい自《みずか》らの意志に従って、美しいデザインの形に沿ってコンクリートを流し込めばよいのです。

神に祝福された、すばらしい、大きな建物が具現《ぐげん》できるでしょう。それは、清めの発展が安らかに成就《じょうじゅ》したからにほかなりません。その必勝の成就《じょうじゅ》とは、すでに述べたとおり、般若《はんにゃ》の実践《じっせん》です。

清めの成果

感謝の思いとともに、清めの成果が見えてきました。清めの成果は瞬時《しゅんじ》に完成されるものと、時間、そして月日を要するものがあります。

いずれにしても、感謝の思いどおりに、それらの成果が見えてくるのです。

あらゆるビジネスは、そして人生そのものは、常日頃《つねひごろ》の高次元《こうじげん》への的確な波長を合一《ごういつ》させることによって、社会、そして企業、人生に、有益な利益となって、自《みずか》らの手中《しゅちゅう》に収めることができるのです。

あえて計画性を持たなくとも、それらのすばらしい成果は、常日頃《つねひごろ》の高次元《こうじげん》の理想的働きに従って、足元から実現されていくのです。

清めの成果とは、神の定めし安らぎの設定です。神の定めし安らぎを設定するということの、説得を広く推《お》し進めましょう。この広く説得するという努力の積み重ねを行うことに従って、清めの成果を得ることのできる団体や企業、あるいは国家が繁栄《はんえい》し、すべての国民に有意義な利益を与えることが可能となるのです。

神定めの安らぎは、何であるかということを、深く理解する必要があります。明晰《めいせき》に、神定めの安らぎという言葉を、ここで検証《けんしょう》しておくことにしましょう。

神定めの安らぎ

神定めの安らぎとは、あらゆる原因を、大善《だいぜん》へと転化させてしまう強い神様の流れです。

この神様の流れを設定するということです。この設定をなすことに従って、清めの成果が、ところどころに、あらゆる時空間に、全開なる常の臨場《りんじょう》に具現《ぐげん》してくるのです。

神定めの安らぎを設定するということは、高次元《こうじげん》の目から見るならば、神通力を得たのと同じ状況がそこに現れるのです。この通力を得ることによって、もろもろの事態が大開運してくるのです。清めの成果とは、このような形で授《さず》かってくるものです。このようにして得た成果は、滅びることはなく、減損《げんそん》することもなく、揶揄《やゆ》されることもありません。永久《とわ》に継続《けいぞく》し、維持《いじ》され、集合包括《ほうかつ》のもとに発展していくのです。

あらゆる問題となる原因を光のシャワーで洗い落としましょう。高次元《こうじげん》の光でできた勾玉《まがたま》の強い回転が、すべてを解決し尽《つ》くしてくれるのです。問題となる原因があれば、そこに集中して、光のシャワーを思う存分与え続けてください。すべては解決していくでしょう。何の障碍《しょうげ》もなく、病魔もなく、減少もありません。この、すこやかにしてすがすがしい幸福感、これが清めの成果の真骨頂《しんこっちょう》です。

先ほど言い得ましたとおり、神定めの安らぎの設定が肝心なのです。神定めの安らぎを設定するということは、強く、正しく、明るく生きることができるということです。このような思いは、あらゆる宗教を超えているのです。宇宙の根源から発せられる、神定めの設定なのです。

自信を持って、この神定めに力と行を推《お》し進めることです。このように進められるならば、絶対的必勝の清めの成果が得られるのです。

神定めの安らぎの設定という強い精神波動《はどう》を、日常生活に生かしてください。

神禅定《しんぜんじょう》

神定めの安らぎを設定するには、神禅定《しんぜんじょう》という考え方が有効でしょう。神禅定《しんぜんじょう》とは、神様の「神」と、座禅の「禅」と、定理の「定」という字を用います。神様の光のエネルギーが一条となって、全身を統治なさるということです。そこにあらゆる不純物が存在することはできません。

したがって、神禅定《しんぜんじょう》を行いながら日常生活をなすということは、非常に高次元《こうじげん》の、神様との波動《はどう》を直接に受けつつ、幸せの波動《はどう》に包まれながら、健康な生活を送ることができるということであり、この継続《けいぞく》の結果が、清めの成果であるということができるのです。神《しん》禅定《ぜんじょう》という言葉は、總天《そうすめ》が発する言葉です。

どうぞ、無魔《むま》必勝の、日々好日としてお使いください。どのように乱れた波動《はどう》の中にあっても、この神禅定《しんぜんじょう》という言葉と、神禅定《しんぜんじょう》という実践《じっせん》が、すべてをすがすがしく、永久に解決してくれるのです。

火の玉のビジネス　ファイター

世界平和の創造に貢献《こうけん》する世界的ランキングのビジネスマンは、絶対的サクセスの哲学を持っています。火の玉のビジネス　ファイターは、世界平和を実現し、その中で企業収《しゅう》益《えき》を挙げていく戦士なのです。火の玉のビジネス　ファイターは、宇宙の平和と、世界の平和に貢献《こうけん》するのです。

世界平和の波動《はどう》は、高次元《こうじげん》成功波動《はどう》からの、強い流れです。ワールド　ビジネスで成功をなすビジネスマンは、必ずこの流れに乗り、上昇気流へと運ばれていくことができるのです。

火の玉のビジネス　ファイターは、一〇〇%の努力をします。そしてその努力に対して反省を行い、神の流れに素直《すなお》に従うのです。

ここで重要なのは、一〇〇％の努力を、いかに正しく行うかということです。古今東西の古《いにしえ》は、信念と魂《たましい》であると言われ伝えられています。基本的な正解から成り立つ信念というものは、その信念を継続《けいぞく》することによって、信じられないような結果を生み出すことが、往々《おうおう》に存在するという事実です。正しい信念の継続《けいぞく》こそが、奇跡を生み出す源なのです。決して間違ったとらわれに随《ずい》してはなりません。絶えず、正しい信念であるかどうか、自《みずか》らチェックする必要があるのです。

火の玉のビジネス　ファイターというとおり、大成功の成就《じょうじゅ》は、闘魂《とうこん》の産物です。前途《ぜんと》のあらゆる障害《しょうがい》を消滅《しょうめつ》させ、明晰《めいせき》に、すべて階調《かいちょう》の正しい道筋《みちすじ》に軌道を合わせ、神様の思《おぼ》し召《め》しに通ずることに従って、大きく運が開かれていくのです。

火の玉のビジネス　ファイターは、闘魂《とうこん》の戦士です。しかしながら、無理を重ねる戦士ではありません。闘魂《とうこん》の、世界平和を実現する、そして世界平和に貢献《こうけん》する火の玉の戦士は、洗心《せんしん》宇宙の理法に適《かな》う人生を歩み、洗心《せんしん》宇宙の理法に適《かな》うビジネスを行うのです。だからこそ彼らの行いに、無理はないのです。

火の玉のビジネス　ファイターこそ、洗心《せんしん》宇宙の理法を、深く理解し実践《じっせん》する人たちです。その行動による結果は、世界の平和であり、宇宙の平和であり、世界人類への幸福の花という種を蒔く勇士なのです。

大局的運営のための判断基準

さて、現実のビジネスマンは事業を展開するに際《さい》して、判断を迫《せま》られます。その究極《きゅうきょく》の判断の基点は、どこに置くべきでしょうか。そこが肝心要《かんじんかなめ》なのです。必勝の神の目から眺《なが》めてください。

神様は勝ち負けがなく、あえて言うならば、宇宙の創造から勝ちっぱなしの存在者です。神様にとって勝ち負けという言葉は、意味のない言葉です。

しかしながら、人間界にとっては、その行動の評価を与えるに際《さい》して、必勝という言葉が必要です。したがって必勝の神の目から眺《なが》めるということは、歴史的必然性において、何らかの、人類が進歩するための意味がなければなりません。そこが、歴史上の人類の進歩のおもしろさでもあります。神様はそこを見ておられるのです。

人間社会からビジネスを行うに際《さい》してのさまざまな判断基準について、特にここでは、大局観に立っての、大きな節目《ふしめ》で考えられる判断に際《さい》して、考えてみましょう。

それは、一つには欲望、二つには大義《たいぎ》ということです。企業社会においては、欲望ということは、原初的動機でもあり、完全に否定されるべき事柄《ことがら》ではありません。しかしながら、大局的運営をなすための判断基準に際《さい》して、ただ単に欲望に突き進むのか、あるいは大義《たいぎ》という局面を長期的スパンにわたって実行し判断するのか、ということです。

大義《たいぎ》とは、言うまでもなく大義名分《たいぎめいぶん》が立つ行いであるかどうか、大義名分《たいぎめいぶん》が、広く社会から認知され指示されうる決断であるかどうかということです。これは、経営の根幹に関わる重大な決断です。このようなことを、明晰《めいせき》に実行した上で、ビジネスは展開されていく必要があるのです。

短期的収益《しゅうえき》を追い続けるというのは、一つの欲望です。しかしながらそのような経営姿勢で、企業の長期繁栄《はんえい》が維持《いじ》され得るであろうかという、基本的考察を加えなければならないのです。

欲望を取れば、小さな成功を得ることができるでしょう。しかしそれは、長期的大成功ではありません。広い社会的信用でもありません。しかしながら短期的欲望を捨て、大義《たいぎ》を取る者は、目先《めさき》の小さな成功を目的とするのではないのです。本物の利益を得る方法と手段に際《さい》して、根本的に違うところが存在するのです。それは、長期にわたる絶大《ぜつだい》な信用が得られるということです。そして、大成功を必勝のうちにもたらしてくれるということです。また、必ずや絶大《ぜつだい》な利益を与えてくれるということです。

このようなわけですから、洗心《せんしん》宇宙の理法に適《かな》うビジネス　ファイターは、欲望か大義《たいぎ》かという選択に直面したならば、迷うことなく大義《たいぎ》を自《みずか》らの人生観として採用する経営哲学を実践《じっせん》してください。そこに、神様や観世音菩薩《かんぜおんぼさつ》様のほほえみがあるのです。求めなくとも加勢《かせい》と加護《かご》をいただける有資格者となるのです。そこに自由自在の心境が開け、自由自在の行動が保証されるのです。

全託《ぜんたく》の信頼

火の玉のビジネス　ファイターは自由自在であることが理解できました。

一〇〇％積極の努力は、信念と魂によって行われるのであるということも、わかったのです。そしてその信念は常に正しいかどうかを、自《みずか》らチェックしなければならないということも、わかりました。そしてその正しい信念は継続《けいぞく》によって莫大な力を発揮《はっき》するのであるということも、理解し得たのです。

闘魂《とうこん》の強い魂《たましい》は洗心《せんしん》宇宙の理法に適《かな》うことに従って、ますますエネルギッシュになり、光り輝く存在になるということも、理解できたのです。火の玉のビジネス　ファイターに栄冠あれ。神の祝福あれ。観世音菩薩《かんぜおんぼさつ》たちの加勢《かせい》と加護《かご》が、永久にあれ。

このように念ぜなくとも、かくの如《ごと》きファイターには、神様、観世音菩薩《かんぜおんぼさつ》たちの力強いご支援が、高次元《こうじげん》から目に見えて存在するのです。

さて、火の玉のビジネス　ファイターは一〇〇％の積極的努力を行っています。しからば、ビジネス　ファイターはその後《のち》、どのような心境に至《いた》ればいいのでしょう。

それは、神様や観世音菩薩《かんぜおんぼさつ》に、全託《ぜんたく》の信頼をし、自《みずか》らの心身、魂《たましい》を全託《たく》し、ゆだねるということに尽《つ》きるのです。このような意志の決断に従って、ビジネス　ファイターには何の心配もなく、何の不安もなく、何の障害《しょうがい》もありません。

何ら思い煩《わずら》うことなく、すこやかに、明晰《めいせき》に、大いなる善と正しい開《かい》なる勢いをもって、神様に通じていくのです。そしてビジネス　ファイターの人生とそのビジネスは、大きく運が開けていくのです。

約束された成功が果たされた如《ごと》く、その大いなる成功の実績を目の当たりに見ることができるのです。大いなる成功を目の当たりにし、その勝利を握《にぎ》ったビジネス　ファイターを、さらに次のサクセスへといざなう神様や観世音菩薩《かんぜおんぼさつ》たちが優《やさ》しく微笑《ほほえ》んでおられるのが見えるでしょう。

アンコール　ムーの大王

今から述べますことは、アンコール　ムーの大王が、語るべき時期が成熟《せいじゅく》したために、話をする決断をしたのです。アンコール　ムーの大王は、ミカエル　ノストラダムスらの予言によって、アンコール　ムーの大王として語られ続けてきました。明晰《めいせき》に理解されるためには、アンコール　ムーの大王として理解してほしいのです。

約一万年ほど前に、地球上にはムー大陸という、優《すぐ》れた文明を持つ大陸がありました。当時、世の人々はムー大陸として、その大地に住む人々をあがめていたのです。ムー大陸は宇宙文明を持ち、宇宙界との交流もありました。人々は端麗《たんれい》で、心美しく、力強い文明を持っていたのです。その文化は宇宙文化と称してよいほどの、優《すぐ》れたものでした。

そのような優《すぐ》れた文化や文明を、再びこの地球に再現せんがために、宇宙時代の開闢《かいびゃく》のために、語る決断をしたのです。滔々《とうとう》と、全人格修練《しゅうれん》の基礎づくりのための話が語られてきたのもこのためです。

我々人類は、相当万年に一度の、大変革《へんかく》をなす時期に到来《とうらい》してきているのです。この大変革《へんかく》は現状で見る限り、歴史教科書等では把握《はあく》できないことです。今までの論述の中で、人類は生かされているのであり、その生かされている純正な生命に感謝すべきであると、述べてきたのです。

そして、無事に神の業《ぎょう》が終えられますように、全人格的修練《しゅうれん》の方法を述べてきたのです。どうか、宇宙神界の指し示されたる道に、大きく生き残ってください。美しい魂《たましい》は無限の輝きを持ち、尊い無限の体験を経験します。

そして無限の中で、自《みず》ら学習することができるのです。宇宙神界の指し示す道に、あらゆる民族はこぞって参集してください。魂《たましい》の祝福されるこの大道《だいどう》に、ユダヤの商人も、華僑《かきょう》の商人も、コリアの商人も、アングロサクソンの商人も、そして日本の商人も、こぞって参集し、魂《たましい》の救われる法を授《さず》かってほしいのです。

アンコール　ムーの大王は、セントラル　サンからの神の無限の生命《いのち》を、魂《たましい》の修練《しゅうれん》をなさる大多数の人々とこの地球自身に、広く推《お》し進める任務を与えられています。無用の心配や、無用の疑いはまったく存在しません。純粋《じゅんすい》に、明るく、楽しく、美しい魂《たましい》の旋律《せんりつ》のままに、魂《たましい》の修練《しゅうれん》を推《お》し進めてください。

神の指し示されし大道《だいどう》の入口

地球は最も正しく強い波動《はどう》の中に、変化します。人類は魂《たましい》の修練《しゅうれん》という尊い大道《だいどう》を歩むことができるのです。この時のために、多くの聖人《せいじん》、多くの大師《だいし》たちは、神の強い視線をもって、輝かしい、そして明るい真実のパースペクティブを与え続けてきたのです。どうか、その意味を理解していただきたいのです。

一刻一刻を、輝きの充足と感謝で埋めましょう。無限の中の瞬間と、瞬間の中の無限に、大いなる神の喜びで充満《じゅうまん》させましょう。これが神の指し示されし大道《だいどう》の入口なのです。

神の大いなる業《わざ》も、時期にさしかかり、今、アンコール　ムーの大王が語る時が来たのです。ムー大陸が咲き放った文明と文化、同等以上のすばらしい宇宙時代が、この地球に再び現れるのです。そこには無用な対抗勢力はいっさいありません。宗教は超越《ちょうえつ》され、宗教間の争いや、民族等の争いも存在しません。宗教は超越《ちょうえつ》されても、神を敬う素直《すなお》な気持ちはさらに強固《きょうこ》になり、揺《ゆ》るぎのない神様への感謝に満ちあふれるのです。セント

ラル　サンからの思いは、人間の能力を格段に上昇させるでしょう。

神視聖人《しんしせいじん》の到来《とうらい》

ここで、美しい魂《たましい》の達成のために、魂《たましい》の修練《しゅうれん》の大道《だいどう》を語らねばならないでしょう。魂《たましい》の修練《しゅうれん》とは、霊魂《れいこん》のすべての波動《はどう》であり、その発するエネルギー体そのものです。魂《たましい》の修《しゅう》練《れん》の大道《だいどう》は、厳格《げんかく》な神への方向性であり、厳格《げんかく》な無限への解放であり、厳格《げんかく》な無限への進化であり、厳格《げんかく》な無限への歓喜《かんき》です。

この修練《しゅうれん》によって、神の性《しょう》たる、完全なる自由自在力《じざいりょく》と寛容力が得られるのです。自己中心に基《もと》づく自由と寛容では、決してありません。

美辞麗句《びじれいく》のままの自由と寛容には、神の世を実現する力は存在しません。美辞麗句《びじれいく》の自由と寛容という言葉には、人類の正しい進歩はなく、美しい秩序《ちつじょ》もなく、恒久《こうきゅう》の平和を実現する力もありません。

自由と寛容という言葉をもてあそんではならないのです。魂《たましい》の修練《しゅうれん》には厳格《げんかく》さを必要とします。これは、神の大御業《おおみわざ》を理解するために、必ず必要なことです。

セントラル　サンからの美しい魂《たましい》の旋律《せんりつ》に、自《みずか》らの魂《たましい》を高める大道《だいどう》の道を、歩んでいかなければならないのです。このような修練《しゅうれん》に従って、神を見ることのできる、優《すぐ》れた目の力を得ることができるのです。このように、神を見る、聖なる人の集団が、ムーの再生となるのです。略して神視聖人《しんしせいじん》の到来《とうらい》、となるのです。

これがセントラル　サンの思いであるのです。神視聖人《しんしせいじん》の到来《とうらい》は、大いなる玉《たま》のごとくの利益となって、大海を潤《うるお》すでしょう。すべてのものは、最高の調和のもとに配備され、最高の波動《はどう》を放つでしょう。神視聖人《しんしせいじん》の玉《たま》のごとき利益は、まことの人類の再生賦活《ふかつ》となって現れるでしょう。

この再生賦活《ふかつ》は、決定的な時代となって永久《とわ》に続くのです。この時代こそがアンコール　ムーの時代であり、セントラル　サンと完全に一致《いっち》した、神から祝われる星と人々なのです。

神様の大御業《おおみわざ》の時期に入ったならば、アンコール　ムーの大王とその使徒する者たちの声を聞いてください。その声に、友を呼び参集してください。一人でも多くの魂《たましい》が救済されるために。魂《たましい》の修練《しゅうれん》の道に歩み、救われる大道《だいどう》の法を授《さず》かってほしいのです。

朝目覚《めざ》めたなら、窓を少し開けてみてください。朝日の中に小鳥たちがささやいているのが聞こえるでしょう。そしてそっと耳を傾けてみてください。神様の大御業《おおみわざ》が近づいてくる、先駆《さきが》けのささやきが聞こえてくるでしょう。聖霊《せいれい》がお遣《つか》わしになる小鳥のさえずりに、確かに気づくはずです。

そのかろやかなさえずりは、B《ビー》、V《ヴィ》、C《シー》とさえずっているはずです。これは奇跡ではありません。現実です。

神様の大御業《おおみわざ》の絶対的な大幸運が、その先駆《さきが》けとして、目覚《めざ》めの朝の窓の外にまで、明晰《めいせき》に、来訪しているのです。このさえずりを聞いた人は自信を持ってください。輝ける時期が訪れたのです。

ハイヤートゥルー　ソウル

洗心《せんしん》宇宙の理法を成就《じょうじゅ》しながら、平凡《へいぼん》な人生をエンジョイすることが、私たち人類の常の定めです。

しかしながら現在は、地球的、人類的大変革《へんかく》の時代がやってきています。この大変革《へんかく》は、不変の宇宙の中で行われるのです。

何が大変革《へんかく》を起こすのかと質《ただ》すなら、それは人間の魂《たましい》であり、人類の魂《たましい》とその大意識です。いわゆる大変革《へんかく》とは、魂《たましい》の進化ということなのです。純正なる魂《たましい》は再生し、純真なる魂《たましい》は強固《きょうこ》に拡大されると同時に、ハイヤーレベルのディメンションが加わるということです。

これは単純に言うと、ハイヤートゥルー　ソウルの自覚が、二十一世紀からの、我々人類の生きる道であるということです。どのような大変革《へんかく》が行われようと、宇宙は不変であり、常に光り輝いています。私たちの想念《そうねん》は、常に洗心《せんしん》宇宙の理法に従って自《みずか》らを清め、正しい心によって日々生活を行っているのです。神の理《り》に即し、絶対自由であり、神の理《り》に即し寛容です。

世界の平和と宇宙の平和に寄与できる、楽しい生活を行うのです。神様が定めし完全性が、再び、人間の精神と肉体を通して、日々、よみがえるのです。純正なハイヤートゥルー　ソウルをみんなで祝うことができるのです。

なぜこのような大変革《へんかく》が、この時期に行われるのでしょうか。それはその必要性が、この時代にあるからです。ひずみを振り落とし、消却《しょうきゃく》する、無限の宇宙の力が降《ふ》り注《そそ》がれているのです。そこから魂《たましい》の進化が出発するのです。

魂《たましい》の進化のためのプログラムはすでに用意されています。淡々《たんたん》と純正《じゅんせい》に、平凡《へいぼん》に生きていればよいのです。何のむずかしいこともなく、何の障壁《しょうへき》もなく、何の不自由もありません。すべてが魂《たましい》の進化に向かって改善されつつあり、静かな、安らいだ、闘魂《とうこん》という神の火が、太く長く、その先端に、力強く燃えているのです。

その静かなる光景は、まるで、百合《ゆり》の花々や、シンビジュームの花々が一面に咲き誇《ほこ》るあぜ道を、楽しく人々が語らいながら歩んでいくさまのようです。神の火の炎を緩《ゆる》めてはいけません。たゆませてはなりません。手を抜いてはならないのです。

神様がおつくりになった、太く長いろうそくに似たその先端の火を、絶えず灯《とも》し続けなければならないのです。その火は、神様の火ですから、決して途絶えることはありません。無限の宇宙のエネルギーが、その神の火として無限に注《そそ》がれているのです。魂《たましい》の進化は人間の努力のみによってなされるのではありません。これこそが、神様の大業《たいぎょう》であり、いわゆる神業《かみわざ》と言われていることごとです。

神様の火

神様の真心《まごころ》を体した上で、ビジネスマンは、一〇〇%の積極的なビジネスに打って出なければならないのです。絶対的自由自在な楽しさを与えるという、このすばらしいビジネスを実践《じっせん》していかなければならないのであり、この真心《まごころ》を体《たい》するならば、その事業は成功させることができるのです。

さて、魂《たましい》の進化は、神様に全託《ぜんたく》しながら、一〇〇%の積極的努力をなすということです。これは先ほど述べたとおり、静かな闘魂《とうこん》を必要とするということです。この静かなる闘魂《とうこん》の火は、私たち一人ひとりの魂《たましい》の中に燃え続けているのです。この静かなる闘魂《とうこん》の火は神様の火ですから、あらゆる罪、汚《よご》れを焼き滅《ほろ》ぼすことができるのです。いっさいのひずみを消滅《しょうめつ》させることができるのです。

大変革《へんかく》は、魂の進化というプロセスをとっていますが、別の面から観察するならば、それは魂《たましい》の選択であり、この選択は、選別と言い得るでしょう。

純正なる魂《たましい》としての神の魂《たましい》が、その本来の姿に帰る、神業《かみわざ》の時期であるということができるのです。神様が人類を創造されんと目的をお持ちになった、その初志を貫徹《かんてつ》されるプロセスです。まことにめでたき、すがすがしくも、ありがたい神業です。

神様の分身である純正《じゅんせい》なる魂《たましい》は、その本来の目的である、神の分身たる純正な魂《たましい》への、絶大《ぜつだい》なる再生を行われんとしているのです。これほどめでたいことはありません。そこから魂《たましい》の進化がさらに前進し、人類の、明晰《めいせき》で、すべてが快調《かいちょう》に整い、大きく成長せんがための神様からのお力添《ぞ》えが加わり、人類的未来への運命が、祝福とともに開かれていくのです。

魂の進化のためのよい滋養《じよう》を与え続けましょう。絶え間なく、与え続けましょう。十分に、清らかに、与え続けましょう。無限の宇宙エネルギーは、どれほど与え続けても、枯れることはありません。不足することはありません。途絶《とだ》えることはありません。

神様は常に必勝のお方であり、常に必勝なさるのですが、二十一世紀のこの現在は、まことの人類に、神様の必勝のエネルギーが無限に注《そそ》がれる時期にあるのです。無限に宇宙エネルギーをいただけるわけですから、枯渇《こかつ》することはありません。一〇〇%の積極の真《ま》心《ごころ》を持って、神の大いなる流れに心身をゆだねることです。魂《たましい》の進化は、すべての表象に現れ出てくるのです。その表象を、その優勢な力線を自覚し、多くのまことの人々とともに、導《みちび》いていかなければならないのです。

神様の祝福の上に進化する

古《いにしえ》より「天網恢々《てんもうかいかい》、疎《そ》にして漏《も》らさず」と言いますが、まことに明見《みょうけん》しごくです。神様は至る所に、神の目を輝かせておられるのです。神の目を盗むことはできません。神様はすべてを見ておられます。神様はすべてのディメンションをご高覧《こうらん》されているのです。無用無駄《むだ》な隙間《すきま》だらけのように見えても、神様の目を盗むことはできないのです。神様は無限の銀河をご高覧《こうらん》され、遊ばれます。神様の足を盗むことはできません。神様は光よりも速く、俊足《しゅんそく》のもとに、すべての銀河を駆《か》け巡《めぐ》られるのです。まことに神様の足は俊足《しゅんそく》自在なのです。神様は、どこにでも、いつでも、どのディメンションであれども、足をお運びになります。もちろん、神様は自由自在のお方ですから、神様の足を盗むことはできないのです。

神様はあらゆる銀河の太陽に、神様のご正念《しょうねん》と神の目力《めりき》をお入れになります。神様のお乗りになる車は、あらゆる銀河を駆《か》け抜けることができるのです。神様は無限の力を供給する主《ぬし》ですから、神様の足を奪《うば》うことはできないのです。

不変の宇宙は、神様の祝福の上に成り立っているのです。あらゆる生命、生物は、遅々《ちち》とした久遠《くおん》の時間の中で、進化の段階を歩んでいるのです。大いなる神の秩序《ちつじょ》のもとに、洗心《せんしん》宇宙の理法のプログラムに従って、厳然《がんぜん》とした進化が図《はか》られているのです。

この大いなる、整然とした秩序《ちつじょ》は、きわめて美しいものであり、正々堂々の生気《しょうき》のたまものです。恒久波動《こうきゅうはどう》の神定めのとおりに、厳格《げんかく》な段階を経て、前進されるのです。したがって、すがすがしく、自由自在であり、心洗いも大きく広がっているのです。そこで魂《たましい》の進化が決断されたのです。

神視正強《しんしせいきょう》の万年時代

宇宙時代、そして神の信託《しんたく》性時代と称《しょう》される現在は、神が見る正しい世の中の到来《とうらい》であり、神様が世の中に臨在《りんざい》される世の中ですから、正しく強い万年の時代が来たのです。これを簡単に称《しょう》しますならば、神視正強《しんしせいきょう》の万年時代と言い得るでしょう。

神視《しんし》とは「神が視《み》る」と記します。神様の「神」と視察《しさつ》の「視《し》」ですね。そして正強《せいきょう》とは「正しく」「強い」と記します。最後に万年の時代、万年時代とは、一万年二万年の「万」ですね。神様がご覧《らん》になる、正しく強い世の中が、万年と継続《けいぞく》して祝福される、その時代が、現在すでにはじまっているということです。

これは奇跡でも夢でもありません。神様が想念《そうねん》された理想の形が、現在に厳格《げんかく》に映し出されている、まことの姿なのです。そこに、ロングライフの「嬉《うれ》しや一条、楽しめ」という神様からの命が下されたのです。

先に述べたとおり、その時代にあってはディメンション　アップがなされているので、人間はその悟《さと》りに応じて、金剛身《こんごうしん》を得ることができるのです。したがって、人間の寿命は、今日まで考えられていた年限とはかなり様相《ようそう》を異《い》にすることとなり、生命が質的に強化されるので、相当の長寿を得ることができるのです。本当の長寿社会を迎えるのです。

神様が臨在《りんざい》される世の中ですから、長寿社会と言いましても、老々とした長寿ではありません。はつらつと青春に満ちた長老なのです。人生の花の盛りが、一回だけではなく、八重にも十一重にも、限りなく咲かせることができるのです。正しい道のりを歩み続けるならば、時が来れば花は開くのです。正しく念ずれば、大きな花が咲くのです。

ロングライフを与えてくださった神様からの「嬉《うれ》しや一条、楽しめ」という命を感謝しましょう。この絶対大宇宙は、嬉《うれ》し嬉《うれ》し、楽し楽しい、感動という幸福を体験するために、根本創造されたのです。

神様の仰《おお》せに素直《すなお》に感謝しましょう。素直《すなお》に幸福を享受《きょうじゅ》しましょう。素直《すなお》に生命の喜びを体験しましょう。

ロングライフ

「嬉《うれ》し嬉《うれ》しや、楽しめ」というお言葉の中には、すべての人々が幸福のうちに、世界平和、宇宙平和を体現し、成就《じょうじゅ》し、正しく生きよ、という願いが込められています。現在は、その時にすでに入っているのです。

アンコール　ムーの大王は宣言します。「神様がお祝いになる、健全なる精神と、宇宙文明の、その時が来た」と。嬉《うれ》しや、楽しやのロングライフ建設を行いましょう。これがまことの建て直しなのです。

強靭《きょうじん》な構造で建て直しましょう。清純な地底の調和を図《はか》り、建て直しましょう。二個の太陽にふさわしい堅固《けんご》な建設をしましょう。不触《ふしょく》の鉄筋鉄骨で建て直しましょう。四百年以上の樹木は原則として伐採せず、人類と共生して森林を守りましょう。

宇宙文明の時代にあっては、高層建築物はあまり必要としないようです。社会システムはロングライフに適《かな》うよう、強く再設計されるでしょう。青春を謳歌《おうか》するロングライフが到来《とうらい》したのです。一日一万歩を軽く達せられる、長寿青春時代なのです。長寿者は、一日少しの時間をボランティア活動などに費やします。その仕事は、長年の経験と知識を基に行っていますので、社会的貢献《こうけん》度が大きい要素となっているのです。

建て直しは、人類、地球、全体にわたって行われることであり、その中で人々は、ロングライフを成就《じょうじゅ》し、嬉《うれ》しや楽しやの喜びを得るのです。神視《しんし》正強の万年時代と言うのは、この建て直しの中にあって、ロングライフという青春を成就《じょうじゅ》することができるということです。

それは、鎮座まします神の敬意を強く倍増し、光とともにお直りになることはもちろんのこと、生き生きとした青春が再生されるのです。

さらに、神視《しんし》正強の万年とは、神様が臨在《りんざい》なされる正しい世の中に、まことの人類は、力強い青春をロングライフの中で、どこでもかしこでも、過ごすことができるということなのです。

無脳サンフェイス

古《いにしえ》より、「我、足《た》るを知る」という言葉があります。いわゆる人間的頭《あたま》ということは、頭の中の想念形態《そうねんけいたい》に際《さい》して、人間的、あるいは動物的諸々《もろもろ》の雑想念《ざつそうねん》を一切排除《いっさいはいじょ》した光一条《ひかりいちじょう》の無想念《むそうねん》、これを無脳のサンフェイスと称《しょう》しているのです。

無脳とは、脳の中に神光一条のみを受け入れ、他の雑想念《ざつそうねん》を未然《みぜん》に打ち返し、従って受理しないということに尽《つ》きるのです。人間の肉体的脳の煩悩《ぼんのう》をなくしなさいという意味です。洗心《せんしん》宇宙の理法を体現されますと、人間の六根は、即、セントラル　サンからの強い光のラインで結ばれるのです。ということは、人間の頭脳はすでに、セントラル　サンからの太陽のパワーと強い霊力《れいりき》によって守られているということになるのです。

これは、人間的な脳を無にして、空《から》にして、セントラル　サンからの強い強い太陽のエネルギーで、すでに充満《じゅうまん》しているということの自覚です。洗心《せんしん》宇宙の理法を体現するならば、人間的頭脳による思考は無用ということです。人間の能力開発を放棄《ほうき》せよというのではありません。これは一種の神の禅定《ぜんじょう》です。

人間の頭脳で、こまごまとしたことをいろいろと考えないということです。人間の脳の欲心《よくしん》で、いろいろと物事《ものごと》を考える必要はいっさいないということです。洗心《せんしん》宇宙の理法を体現するならば、頭はすでにサンフェイスで覆《おお》われているのです。人間の頭は即、サンフェイスであり、サンフェイスは即、人間の頭であるということです。

そこにセントラル　サンからの神の知が流れ込み、強く強く人間を守護するのです。無脳サンフェイスという言葉の真義は、まさにそこにあるのです。

くっきりしたサンフェイスは、大吉事、吉祥《きっしょう》あるのみです。研《と》ぎ澄《す》まされた快適な音楽が聞こえ、視界は銀河のはるか先までくっきりと見通せるのです。五感はすっきりと爽《さわ》やかであり、清流の流れるがごとく、後方には滝の清音が響《ひび》き渡り、天地ともにすこやかです。

名刹《めいさつ》の古寺には多くの参拝者や観光客が訪れます。そのような古寺の庭先には、ときどき、「我、足《た》るを知る」という石彫《いしぼ》りが置かれ、水が注《そそ》がれているのを見ることができます。凡人は常に足ることを知りて、煩悩《ぼんのう》を少なからしめよ、という戒《いまし》めであろうと思われます。

このような諭《さと》しには、脳はないのです。まさに無脳の悟《さと》り、無欲の悟《さと》りです。人間のまやかしとも思える脳を滅尽《めつじん》すれば、どれだけ楽になるか、ということを言い表しているのです。

名刹《めいさつ》の寺にはかなり大勢《おおぜい》の人が訪れますが、その石に刻《きざ》まれた名句を読み解く人は、千里の山を越えて旅する値打ちがあると言えるでしょう。

無脳サンフェイスという強いエネルギー波動《はどう》は、まことの人類にすでに与えられているという事実を理解した時、すべてが見えてくるでしょう。段階的に超脳力が発現《はつげん》されてくるでしょう。人間的な脳をなくすという、この簡単なスイッチ転換を試みるならば、すべてが明快《めいかい》に見えてくるのです。

高次元波動《こうじげんはどう》をすぐに捉《とら》えることが、無脳サンフェイスにはできるのです。なぜなら、人間的な頭脳をからっぽにしているからです。良からぬことは何も考える必要はないのです。心配することは何も必要とされないのです。

従って、いっさいの煩悩《ぼんのう》はありません。脳を無にしてサンフェイスを体するということを、日々実践《じっせん》してみるならば、高次元《こうじげん》世界の中に、光り輝く花が優《すぐ》れて見えてくるようになるのです。

このように見えてくるということは、光り輝く花が、私たち三次元世界に生活する無脳サンフェイスとして、働きかけてくれているということです。

これは、高次元《こうじげん》エネルギーが、私たち三次元の日々の生活の中に、深く浸透《しんとう》し、根づいて、きわめて有効に働き続けてくれるという事実です。高次元《こうじげん》世界の優《すぐ》れた神の知が、私たち三次元の日常生活を強く守護してくださるということなのです。そのキーワードの一つが、無脳サンフェイスです。

明光六根体《みょうこうろっこんたい》

明光六根体《みょうこうろっこんたい》とは、無脳サンフェイスと相通ずるところがありますが、祓《はら》い清めるという当初に際《さい》して、自《みずか》らの律《りつ》された精神と全肉体が、明光《みょうこう》に包まれ守護されるには、どのような魂磨《たましいみが》きをしていけばよいのか、ということです。

明らかに光り輝くという「明光《みょうこう》」、そして六根体《ろっこんたい》とは、人間の全身を構成する六根《ろっこん》の総称です。これを明光六根体《みょうこうろっこんたい》と称《しょう》します。

宇宙時代、そして神がご覧《らん》になる聖なる時代、今この時がすでにその時代ですが、それは大きな変遷《へんせん》の時代であると述べました。二十一世紀は、今日まで脈々《みゃくみゃく》と続いてきた歴史の、新たな大転換を迎えるのです。

そのような時にあって、自《みずか》らの健全な精神と六根体《ろっこんたい》を、神様のお諭《さと》しによって守護される、永遠の時代が到来《とうらい》したのです。神様は、むずかしいことを強要することはありません。小さな心がけ一つで、大きな成果を与えてくださるのです。これは神様の慈愛《じあい》のたまものです。

六根体《ろっこんたい》を明光《みょうこう》エネルギーで貫通《かんつう》しましょう。六根体《ろっこんたい》を明光《みょうこう》で覆《おお》い包みましょう。そのことが、神様の大いなる守護を永久に享受《きょうじゅ》することのできる、小さな心がけなのです。

したがって、明光六根体《みょうこうろっこんたい》を、いつでもどこでも、仕事中でも、家事の最中でも、水泳のさなかでも、無意識で実行してください。ここに至るまでの基礎は、すでに了解《りょうかい》済みですね。むずかしいことではありません。

小さな心がけが日々の大成功を生ずるように、神様が働きかけてくださっているのです。良きビジネスは、まことにこのとおりです。良き企業は、まことにこのとおりです。良き国家は、まことにこのとおりです。そして良き、神が祝う大ファミリーは、まことにこのとおりです。

明光六根体《みょうこうろっこんたい》という言葉を日々、実用に体現してみてください。その生活の時空間は光り輝く花となって、めでたい祝福の吉祥《きっしょう》が見えるのです。

魂磨《たましいみが》きが、このように、日常の簡単な小さな心がけによって大きな成果を与えられるというのは、神様の深い思いやりであり、神様からの慈《いつく》しみのたまものです。このような神様からの慈《いつく》しみに感謝し、篤い大愛《だいあい》の心を振り向けるならば、その思いは地球全土にまたがり、あらゆる人々の心に清い共感を生むことになるでしょう。世界平和が強固《きょうこ》なものとなり、宇宙時代にあっては、宇宙の平和がより拡大されて、広がっていくのです。

百寿幸福《ひゃくじゅこうふく》を越えた現役のパイロット

人生は青春の生きどおしです。成熟《せいじゅく》した社会にあっては、老人という言葉よりも、エキスパートという言葉の方が、よりふさわしい時代になってきました。

吉祥《きっしょう》にしてめでたいことは、百寿《ひゃくじゅ》幸福を越えた現役のパイロットです。明光六根体《みょうこうろっこんたい》をマスターしていますから、六根体《ろっこんたい》はむろん健康で、五感、六感も冴《さ》えわたっています。

幸福な長寿社会は、飛躍《ひやく》的宇宙文明に近づきつつあります。それは人生が魂磨《みが》きである、という悟《さと》りを踏まえた上で、自《みずか》らの生きどおしの青春を、素直《すなお》に天命を成就《じょうじゅ》するからです。百寿幸福《ひゃくじゅ》を越える現役のパイロットは、青春の中に生きているのです。洗心《せんしん》宇宙の理法によって、強く生かされているのです。

正気正念《しょうきしょうねん》の自律《じりつ》、ということが一つの柱になってきています。正気正念《しょうきしょうねん》とは「正しい気」、気質の「気」ですね。正念《しょうねん》とは「正しい念」、想念《そうねん》の「念」です。そして、自律《じりつ》ですね。

この、正気正念《しょうきしょうねん》の自律《じりつ》ということが、一つの柱となっているのです。正気正念《しょうきしょうねん》の自律《りつ》は、魂《たましい》がすでに持っている大きな性質です。したがって、百寿《ひゃくじゅ》幸福を越えた人ももちろん、正気正念《しょうきしょうねん》の自律《じりつ》という柱を、自《みず》らの魂《たましい》に持っているのです。その人の研《と》ぎ澄《す》まし方によって、より大きな成果を、自《みず》らの魂《たましい》に勝ち得ているのです。長寿社会にあっては、正《しょう》気正念《きしょうねん》の自律《じりつ》ということが柱となり、長寿者がおのおの活躍される時代なのです。

それから、総合的健康科学の発展ということが、一つの柱となってきています。これはパーツ、パーツの健康管理ではなく、総合的に健康を捉《とら》え、さらに先端科学の力を十二分に発揮《はっき》し、最高の結果を得ようという手法です。

もちろん、この健康科学の中には、心理的要素と肉体的要素の相互《そうご》関連に最大に調和する手法を、取り入れていくのです。健康科学というのは、今日までの西洋医科学のみを指すのではありません。

うずもれてきた東洋医学のすばらしい実績や、和薬、いわゆる日本古来の薬ですね、それから中国古来の漢方薬、こういった薬も、よく研究されて実用されるようになりました。西洋医学の検査ももちろん、必要です。このような総合的健康科学の実用が、採用される時代となってきたのです。

最後にもう一つの柱があります。それは、神様と観世音菩薩《かんぜおんぼさつ》が授《さず》け与える、霊験《れいげん》という完治療養の法です。もちろん、この方法を授《さず》かる場合は、前章のレクチャーで重ねてきた、いろいろの長い道筋《みちすじ》が必要とされることもあります。

しかし根本は、洗心《せんしん》宇宙の理法です。そして、正しい信仰ということも必要でしょう。このようなことがすでに了解《りょうかい》されていれば、即座にこの柱は作動するのです。これは形式や形骸《けいがい》ではありません。自《みずか》らの真心《まごころ》が中心となるのです。

自《みずか》らの真心《まごころ》の中心に、信仰という自浄《じじょう》を置くならば、そこに神様がご臨在《りんざい》になり、観《かん》世音菩薩《ぜおんぼさつ》がご臨在《りんざい》になるのです。そこに大霊験《れいげん》が、強烈な力となって発動されるのです。

大霊験《れいげん》の発動の中には、神様からの強烈な気功《きこう》法という神秘の波動《はどう》が確かに存在します。それは破邪顕正《はじゃけんしょう》の気功《きこう》という強いパワーです。この力を明記して現役《げんえき》超長寿のお話を終えましょう。

健康長寿社会

三本の柱によって、あらゆる疾病《しっぺい》は消滅《しょうめつ》しました。この三本の柱を、確かに確立して、百寿《ひゃくじゅ》幸福を越えた現役のパイロットが、嬉々《きき》として楽しんでいるのです。三本の柱の中に歩む人々は、健康そのものを体現し、疾病《しっぺい》の残映《ざんえい》があってもそれは消えてゆくのです。疾病《しっぺい》という幻影《げんえい》は消え去りゆくものですから、養生《ようじょう》を楽しみとし、完治へのプロセスを進化発展の道として、大成功が与えられるのです。百寿《ひゃくじゅ》幸福を越えた現役のパイロットは青春なのです。

正気《しょうき》正念《しょうねん》自律《じりつ》の考え方は、長寿者だけの考え方ではありません。すべての人々に共通して考えられることです。総合的健康科学の手法も、長寿者だけに応用されることではありません。すべての人々に共通して考えられることです。真心《まごころ》からの信仰と霊験《れいげん》ということも、長寿者だけに考えられることではありません。すべての人々に共通して考えられることです。

このような三つの柱によって、人類は長寿社会を迎えるのです。まことにめでたい長寿社会が到来《とうらい》したのです。三つの柱を十二分に活用していますから、長寿者は若々しく元気であり、短時間ですけれども現役《げんえき》の仕事をこなすことができるのです。人類の生産力にとっては貴重《きちょう》なプラスα《アルファ》であり、プラスθ《シータ》であるということが、堅固《けんご》に言えるのです。

健康な長寿社会にあって、百寿《ひゃくじゅ》幸福を越える現役のパイロットたちには、何の介護の必要もなく、サポートも必要とせず、気軽に一人でハイキングに出かけ、小山を一登りして、ニコニコと帰ってきます。彼らが必要とするのは、少し危険な山道を登る時、神人《しんじん》から授《さず》かったという杖《つえ》一本です。

さて、健康長寿社会が実現してきました。定年後の余暇《よか》を、さらに有意義な人生に、そして気楽な健康を構築しながら、第二の人生、第三の人生を勝利することができるのです。それは健康と、持てる能力を、十分に社会に貢献《こうけん》できるという発想に基づいた企業づくりであり、国家体制の仕組《しく》みづくりであるということです。人生のアイドリングを少なくし、自《みず》らの充実度と、貢献《こうけん》度を高める社会を構築していきましょう。

視神観《ししん》

山裾《すそ》や緑深い公園の、のどかなたたずまいでは、ウグイスの声が連呼して聞こえます。緑色の小さな鳥ですが、精一杯《せいいっぱい》に美しい鳴き声を響《ひび》かせています。人間に情緒《じょうちょ》を与える、まことに不思議な鳥です。

聞く人にとっては、その鳴き声がフェニックスの鳴き声にも聞き取れ、初志貫徹《かんてつ》を手中《しゅちゅう》に収めた、再生の決意表明のひと時とも、感ぜられるようです。

ここで述べるのは、ウグイスの強いさえずりを耳にして、視神観《ししん》を行えば、ミラクルを呼び込むことができるということです。

視神観《ししん》は、神を視《み》、観ずると記します。視神《ししん》、神を視《み》るということは、もちろん、三次元世界で観じ、そして高次元《こうじげん》で観ずるわけです。ウグイスの強きさえずりの声とともに、この観法《かんぽう》を行えば、ミラクルを呼び込むことができるのです。観法《かんぽう》とは、観察の「観」と法令の「法」と記しますね。これは、まことに意義の深い、ものの捉《とら》え方です。

私たちは視神観《ししん》という行いを忘れがちです。その時、ウグイスのさえずりに、ハッと気づかされるでしょう。その瞬間、視神観《ししん》を行い、軽い瞑想《めいそう》の悟《さと》りへと自《みずか》らを誘うことができるのです。その時に与えられた解答はミラクルに通ずるのです。

ウグイスは何のためらいもなく、あちこちで、美しく、立派に、鳴き声を連呼し、意気悠々《ゆうゆう》とまた次の木々に止まります。何を考えるでもなく、木の実を少しついばみ、きれいなせせらぎの水をひと口飲み干すと、さらに元気を出して歌を歌うのです。しかし私たち人間は、これを単なる雑音とは決して思わないのです。

大自然が与えた、人間への美しい贈り物であると感ずるのです。そこで、視神観《ししん》というスイッチを入れてみてください。常日頃《つねひごろ》願っている解答が、ミラクルの如《ごと》き放流となって、私たちに無限のチャンスを与えてくれるのです。その清き発意は、必ず成就《じょうじゅ》し、大きく花を開かせるでしょう。すでに視神観《ししん》を行った時点で、それらの願いは実現し、手中《しゅちゅう》に収まっているのです。

あらゆる健康はフェニックスの如《ごと》くよみがえり、あらゆる企業はフェニックスの如《ごと》く再生するのです。唯物《ゆいぶつ》を超えた能力が、人間に授《さず》けられているのであるということに、気づくことができるのです。ウグイスの歌声は、そのミラクルを、私たちに気づかせようとしているのかもしれません。

ウグイスの鳴き声とともにミラクルを呼び込む

ウグイスの声を聞くために、山裾《すそ》へ散策に出かけましょう。ウグイスの声を聞くために、緑深い公園へ出かけましょう。ウグイスの鳴き声は、無辺に及ぶ大自然のおもむきの一つに過ぎません。しかし、ウグイスの鳴き声を、清らかに深く受け止め、そっと瞑目《めいもく》する時、その奥深くに視神観《ししん》の行いを観ずるならば、一粒が万倍の成果となって、確実に実現するのです。

ウグイスの鳴き声を通して、神様に感謝しましょう。その理想の実現、理想の再現、理想の再生は、神の祝福がもたらしたものであるからです。

無限の力をお持ちの神様は、小さなウグイスという鳥の鳴き声の連呼で、小さな小さなメッセージを、私たちに届けているようです。その小さな小さなメッセージは、人間の受け取り方しだいで、偉大な、理想実現のメッセージとして受け取ることもできるのです。

小さな小さなウグイスの鳴き声は、大きな鐘《かね》のごとく、私たちの心を打つでしょう。それは、今が目的の途中なのだよ、と、さえずっているのです。今の丘の頂上が、最終目的の地ではないのだよ、とささやいているのです。捉《とら》えるべき目標は、ここからさらに出発していこう、今ひと時ここで十分お休みなさい、とささやいているのです。

唯物《ゆいぶつ》を超えた我らが才能を認める時、神様はミラクルという現象をもって、微笑《ほほえ》むのです。ミラクルが送り届けられたことに、感謝しましょう。

リベラル　ファイター――平和への意志力――

ロングライフの時代にあっては、生命科学が潤沢《じゅんたく》に発展してきています。その中にあって、人生を快適に、ハッピーにし、暮らしと生命《いのち》を守るということが必要になってきています。

リベラル　ファイターとは、自由と世界平和を保全するために、目に見えるリードを行うことです。具体的には、三つのファイトから成り立つでしょう。それは、ライブ　ファイトであり、リビング　ファイトであり、ライフ　ファイトです。

ライブ　ファイトとは、実社会での臨場《りんじょう》感ある社会行動の中に、ファイトを生かしなさい、という意味です。リビング　ファイトとは、自《みずか》らの健全な生命活動の中にファイトの火を燃やしなさい、という意味です。ライフ　ファイトとは、人生というロングライフの生命感に自《みずか》らの使命を悟《さと》り、情熱というファイトを燃やしなさい、ということです。

このような三つのファイトをまとめて、リベラル　ファイターと呼ぶのです。

正気正念《しょうきしょうねん》の火を強く燃やしなさい。それはファイトです。リベラル　ファイターは、まことの人類を導《みちび》くのです。聖霊《せいりょう》な人類は、目に見えて優《すぐ》れた社会を構築していくでしょう。リベラルな考え方が中核となって、社会を指導するからです。唯物《ゆいぶつ》を超えた才能が、聖霊《せいりょう》な人類に、広く目覚《めざ》められる時がきたからです。

リベラル　ファイターは、社会の指揮者です。リベラル　ファイターは、世界の名優の司会者です。リベラル　ファイターは、世界平和の一番星です。リベラル　ファイターはストレスに負けません。無理をしません。天の則《そく》に調和した行動を行います。それはその行動の規範《きはん》に、洗心《せんしん》宇宙の理法を確立しているからです。

ＡＢＡ

ＡＢＡ《エービーエー》とは、アブソリュートのＡ、バランスのＢ、エイスのＡです。このＡＢＡ《エービーエー》という三頭文字の意味するところは、現代社会に時空間の深き洞察《どうさつ》を与えるものです。

アブソリュートとは、人類社会の長い経験の中にあって何が真実であるか、歴史の変遷《へんせん》に目を向け、何が真実であったかを検証《けんしょう》するということです。

時空間の、人類の変遷《へんせん》は、絶対的な真実と真相をもって、私たちに教訓を与えるものです。それは人類のクリアー　ソウルの歴史でもあります。どのような健全な精神構造によって、人類史が営《いとな》まれてきたのであろうかという検証《けんしょう》です。このような検証《けんしょう》と教訓によって、間違いのない真実を、真実に基づく豊かな発展を遂《と》げていかなければなりません。

次にバランスですが、諸国民を経済の側面から見ると、極端《きょくたん》な貧富の差が存在するという社会は、良好な社会とは言えませんね。そこには、幸福というバランス感覚が必要になるのです。一局支配による情報管理も、良好な社会とは言えません。必ずバランス感覚が必要であり、全体的相互《そうご》利益の協調が必要になってくるのです。グローバル化社会になりつつある今日、このようなバランス感覚が再び認識《にんしき》される必要があるのです。

最後にエイスです。これは、銀河の中にあって、我々人類は、優良なエイスとしての立場を研鑽《けんさん》していかなければならないということです。優良人類という、人類史的解答を呈《てい》示《じ》する時代に突入したのです。このようなまことの人類は、全身全霊、自信を持って、平和への行軍を、蓮《はす》の華《はな》の如《ごと》くに示すことができるのです。二十一世紀の今日《こんにち》にあっては、とても重要な、人類的指標《しひょう》です。

ＡＢＡは、このような大局観に立って、国家、企業を運営していかなければならないという示唆なのです。神の目をもって、このＡＢＡ《エービーエー》の様相《ようそう》を観察するならば、人類の成長度《ど》合《あ》いを一目《いちもく》のもとに見ることができるでしょう。

国家も企業も、このような人類的大局観に立った、根本からの問い直し、見直しを必要とされるのです。そこから諸個人の幸福が強靭《きょうじん》に支えられ、自由な発展と開発、創造が生まれてくるのです。人間のまことの魂《たましい》が神の信託《しんたく》性を帯《お》び、発芽《はつが》していくことを神に感謝しましょう。

神人統一《しんじん》へのプロセス

人間の魂《たましい》は、神様の神魂《しんこん》に至る道中であると考えられます。従って、神人《しんじん》統一の修練《しゅうれん》が、最も尊いプロセスの段階であると言えるのです。

神人《しんじん》統一の実践《じっせん》に歩む者に、治らぬ病気はいっさい存在しません。神様は、大愛《だいあい》と大健康の、光明《こうみょう》の塊《かたまり》ですから、神人《しんじん》統一の道中において、すべての病気、病《やまい》は消滅《しょうめつ》し尽《つ》くすのです。

さて、神人《しんじん》統一の道中にあって、人類に何が求められるのでしょうか。神様は宇宙の中に、自身の分身の発展を見たいと願われ、この大宇宙を創造されたのです。でありますから、神人《しんじん》統一の研鑽《けんさん》に勝《まさ》る営《いとな》みはないのです。神人《しんじん》統一は大宇宙の中心課題であり、人類の目標とする極《きわ》みです。神様が無限の幸福の波動《はどう》を発せられるように、人類が一歩一歩、その波動《はどう》に近づき、神人《しんじん》統一をなすことが、私たち人類の幸福であり、神様の大幸福であるのです。

神人《しんじん》統一のプロセスは視神観《ししん》からはじまります。視神観《ししん》とは、神を見、観ずるということですね。それはほんの少しの正しい瞑想《めいそう》によって可能です。私たちのあらゆる日常のいっさい、あらゆる仕事のいっさい、あらゆる諸国家活動のいっさいは、すべて神人《しんじん》統一へ向けられたプロセスの中に、魂《たましい》の安寧《あんねい》と発展という目的をもって存在するのです。

このプロセスは修行《しゅぎょう》中の僧侶や神官のみが行うことではありません。まことの人類すべてに、開き与えられたプロセスなのです。神の神知《しんち》を授《さず》けられた人類に、恒久《こうきゅう》の平和は実現され続けるのです。洗心《せんしん》宇宙の理法を体得《たいとく》し、多くの神人《しんじん》統一者が堅固《けんご》に発育し、成長するのです。めでたい時代になったことを、神は祝福なさるのです。

神人統一《しんじん》へのプロセスは、おのおの人間の一大人生を通したプロセスです。それは、絶大《ぜつだい》な神様からの働きかけの業《わざ》でもあります。

ビジネスマンは、自《みず》らの人生が、このような大きなプロセスの中にあるという自覚をもって生活するなら、自《みず》らの魂《たましい》を向上させる手がかりとなり、目に見えるあらゆる事象《じしょう》での進展が図《はか》られるのです。

神人合一《しんじんごういつ》の世界に入ると、凡人では見えなかった視界が開けてきます。人間の目は光明《こうみょう》の目に開かれ、神の目としての働きが備わってくるのです。神人統一《しんじん》へのプロセスには、法が存在します。これを神人統一《しんじん》法と呼びます。神人統一《しんじん》法には、詳細《しょうさい》なプログラムが存在しますが、ここでは簡単な概略《がいりゃく》をお話しすることにしましょう。

神人《しんじん》統一法――クリアー　ソウル

古来、神人《しんじん》統一への研鑽《けんさん》は、隈《くま》なく修行《しゅぎょう》者たちによってなされてきました。それは、大変な修行《しゅぎょう》の積み重ねによる成果であり、大師《だいし》として輩出《はいしゅつ》されてきた方々がなしたものです。

しかし現代では、そのような長年にわたる、高度な修行《しゅぎょう》の積み重ねによる成果を、同じように求めることはないのです。世界一周をするのに、徒歩で行うのと、現代ではジェット機に乗って世界を何周も飛び回《まわ》り、安全安心して各地の名所を訪れ、遺跡などをじっくり充分に味わうことができます。

これと同じ道理で、神様の大業《おおわざ》が現代に用意されているのです。神人統一法《しんじん》のプログラムを一つ一つ、こつこつと段階をゆっくり昇るだけで、すばらしい成果が目に見えてくるのです。

これがクリアー　ソウルのプロセスであり、安らかな般若《はんにゃ》のスピリットです。このきわめて単純至極《しごく》な課題を、日常生活の中にあって歩んでいただければ、それでよいのです。焦《あせ》ることはありません。不必要な欲望を持つ必要もないのです。明瞭《めいりょう》にして簡単な心の手続き、クリアー　ソウルを実践《じっせん》していただければそれでよいのです。

クリアー　ソウルとは何かということを明瞭《めいりょう》に考えることから、すべてがはじまります。そして、安らかなる般若《はんにゃ》のスピリットとは何かということを、日常生活の中で明瞭《めいりょう》に整理していくことが肝要《かんよう》となるのです。このようにして、神人《しんじん》統一法のプログラムは開始されていくのです。むずかしいことではありません。自《みずか》らの心の働きを清めに清め、祓《はら》いに祓《はら》っていくことが、この法の百《もも》の清流浄気《じょうき》の道であるのです。

この道は、桃の木にたわわな大きな桃の実が生《な》る如《ごと》く、その桃の実を求め、多くの人々が集《つど》う道とされるでしょう。

無限の太陽霊流《れいりゅう》

大自然の調和の中で、理想の社会と、理想の世界を創造していくためには、自《みずか》らの人間的完成を心がけることが重要です。これは、自《みずか》らの魂《たましい》の成長を願い、図《はか》っていくというプロセスに当たるのです。

人間の生存の目的の大きな一つに、自《みずか》らの魂《たましい》を磨《みが》いていくということがあります。この魂《たましい》磨《みが》きにも、神様から与えられている、大宇宙の生命力という、無限の、絶対強力な、波動《はどう》の守りがあるのです。それは神様からの無言の啓示《けいじ》であり、天則《てんそく》です。その無言の啓《けい》示《じ》と、天則《てんそく》の現れを、しっかりと理解していかなければなりません。なぜなら、理想を実現するという能力を、神様は人間に与えられているからです。

天則《てんそく》の一つである、無限の太陽霊流《れいりゅう》という、ありがたい啓示《けいじ》をひもといてみることにしましょう。このような天則《てんそく》は、人間の基本的権利にも該当《がいとう》する、まことに重要な、人間に与えられた権利です。このようなことを、長く、人類は、土俵の内に取り込んでこなかったように思えます。

無限の太陽霊流《れいりゅう》とは、どのようなことであるのか。古代から、地球、人類、太陽という三つの存在は、人類の生存と発展に際《さい》し、重要な役割であるのみならず、欠かすことのできない存在です。人類は、他の生物から考究《こうきゅう》して、特別の存在です。この特別の存在である人類は、特別の人間能力の集積であるのです。このことを忘れてはなりません。

神様は宇宙を創造される時、そして人類を創造される時、このような特別の存在として、生誕させたのです。人類は特別であり、人間は特別な存在なのです。

ゴッド　バイブレーション

セントラル　サンからの強いゴッド　バイブレーションは、超高速のエネルギー体に乗って、私たちの太陽に繋《つな》がり、そしてそのエネルギーは、私たちの太陽を媒介として、太陽神霊世界《しんれいせかい》のもとにより、絶大《ぜつだい》な力で強力に拡大され、地球へ霊流《れいりゅう》となって流されるのです。

この太陽霊流《れいりゅう》を受け取るのは、特別な存在である人類であり、特別な人間です。この太陽霊流《れいりゅう》は、無限のエネルギーですから、尽《つ》きるということはありません。太陽霊流《れいりゅう》とは、太陽から流れ入る霊の力です。神様はこのような無限の太陽霊流《れいりゅう》を、人類にお与えになっているのです。人間に与え、それを護持する能力を、すでに与えてくださっているのです。これは非常に幸せなことであり、非常に重要なことです。

どのようにして、このすばらしい無限の太陽霊流《れいりゅう》を護持していけばよいのでしょうか。それには、三つのプログラムがあります。その一つは、クリーニング　ハート　プログラムということ。二つは、スピリチュアル　ゴッド　プログラムということです。三つは、太陽霊流《れいりゅう》プログラムということです。

このような三つのプログラムを、自《みずか》らの魂《たましい》と肉体をもって体得《たいとく》するならば、より確実でスピーディな、無限の太陽霊流《れいりゅう》という護持《ごじ》が可能になるのです。

いずれにいたしましても、小さな我《が》の欲を捨て去ることができるのです。そして神様からの真実の大果《たいか》を得ることができるのです。

太陽霊流《れいりゅう》は無限ですから、常に、人間肉体の中を貫通《かんつう》し、流れに流れているのです。それはちょうど、大河の流れのように、たゆたゆと流れに流れるのです。とどまることは決してありません。滞留《たいりゅう》することも決してありません。無限の流れですから、常にフレッシュで、さわやかな香りもします。

この強き無限の流れは、常に理想の実現であれという、無言の命令形のエネルギー体なのです。このエネルギー体は、さわやかであり、魂《たましい》と肉体を常にリフレッシュしてくれる存在です。

三つのプログラムはいずれも、熱いエネルギー体によって完遂《かんすい》されるものです。無限の太陽霊流《れいりゅう》が貫いていくのです。この流れは無限ですから、常に肉体の中を流れているのです。太陽霊流《れいりゅう》が放流される時、熱い感覚を覚えますが、その直後、言葉に言い表せないほどのすがすがしさと、清涼《せいりょう》感に満ちた充実が与えられるのです。

このような無限の太陽霊流《れいりゅう》を護持《ごじ》する能力が、人間に与えられていることを、自覚しましょう。何というすばらしい神様のお恵みでしょうか。無限の太陽霊流《れいりゅう》を自覚することによって、人間としての自信がみなぎるのです。無限の太陽霊流《れいりゅう》を感謝して、ビジネスマンは、自信を持って自《みずか》らの使命を果たすことができるのです。

そのビジネスは、一〇〇%、サクセスのビジネスです。その理由はもうわかっていますね。堅固《けんご》にして長久な力を、金剛《こんごう》のボディとして発揮《はっき》することができるのです。いわゆる金剛身《こんごうしん》の実現です。無限の太陽霊流《れいりゅう》に感謝し、護持《ごじ》していくことが、人間の幸せであり、人類の幸せであるということです。

活天命《かってんめい》

世界一へ立ち上がるということです。現代はインフォメイション テクノロジー、ITの、めざましい発展を躍長《やくちょう》している段階ですが、これは社会生活、人間生活の究極《きゅうきょく》の利《り》便《べん》性を追求していることです。

このような利便《りべん》性はすべて、表面上のものであり、文明の一段階にすぎません。あらゆる物事《ものごと》が利便《りべん》性において満足されたとしても、それは本質的なことではないのです。利便《りべん》性が最高度に高まることができたとすれば、その反対側にある精神性においても、最高度に高まらなければならないのです。

そこに、活天命《かってんめい》という言葉が登場します。自《みず》ら与えられた天命を活かすということが、世界一へ立ち上がる魂のエネルギーになるのです。総合的に、ホリスティックな立場から、天命を活《い》かし、凛々としたロングライフの中にあって、優《やさ》しい神の目を持ち、充足を与えつつ、世界を観覧《かんらん》する太陽の昇るさまの如《ごと》く、精神世界の最高位に、それは宣言するのです。

立ち上がるということは、天命を自覚し、天命を活《い》かすということです。天命を自覚し、天命を活《い》かすという立場に性根《しょうね》を据《す》えれば、いかなる悪条件も打ち払うことができ、いかなる災難も打ち破って勝利することができ、いかなる困難も粉砕《ふんさい》することができ、いかなる策謀《さくぼう》も未然《みぜん》に見抜くことができ、絶大《ぜつだい》な成功を得ることができるのです。

活天命《かってんめい》を自覚するところに、恐れはありません。宇宙の中心、銀河の中心に、活天命《かってんめい》の、明瞭《めいりょう》にして無限に強力な輝きが存在するからです。

宇宙の新陳代謝《しんちんたいしゃ》

厳格《げんかく》にして健全な精神波動《はどう》は、宇宙空間に充満《じゅうまん》しているのです。宇宙空間も、常に新陳《しんちん》代謝《たいしゃ》を繰《く》り返しています。それは人間の測《はか》る時間とはかけ離れた、長久なスパンではありますが、宇宙の時間の中で、超物理的ハーモニーの如《ごと》く、光と旋律《せんりつ》のはざまに、偉大なる存在として生命を育《はぐく》み、発展しているのです。これは宇宙の新陳代謝《しんちんたいしゃ》と称《しょう》してよいでしょう。

人間の側から新陳代謝《しんちんたいしゃ》を観察するならば、ホリスティックな立場から考究《こうきゅう》する必要があります。ここで、セントラル　サンの中央精神波動《はどう》を垣間見《かいまみ》るならば、それは、空即是色《くうそくぜしき》であるということです。

簡単に言うと、神様との波動《はどう》が一致《いっち》する絶対健全なる想念《そうねん》は、即時に、その最高想念《そうねん》が実現化するということです。

これはゼロ次元から高次元《こうじげん》までの、神様の波動《はどう》との、絶対健全性においての精神性の具《ぐ》現《げん》化であるということです。

さて、世界一への立ち上がりは、天命を自覚することから出発すると理解できましたね。人間の天命を自覚し、天命を活《い》かすということは、天命を活《い》かすための新陳代謝《しんちんたいしゃ》の成長が必要です。優《すぐ》れた肉感的、健全な心身は、全宇宙空間から定められた強靭《きょうじん》なエネルギーを受理し、新陳代謝《しんちんたいしゃ》を完全に行うのです。

これによってこそ、天命を活《い》かし成就《じょうじゅ》させることができるのです。現代からはホリステイックな東洋医学、さらには、ゴッド　フィーリング　メソッドということごとが注目されていくでしょう。

地球という世界史から見れば、晩年にすばらしい子宝《こだから》に恵まれるでしょう。それは、すべての人類が天命に目覚《めざ》め、天命を活《い》かすことに、与えられた能力を活《い》かすからです。天命は、神様が強く望まれるもろもろのご使命です。すべての人類が、そのような気高い天命を自覚し、活《い》かすならば、世界は常に平和であり、銀河は平和に開かれていくのです。

神様がお喜びになることの実現は、人類の最大幸福となって具現《ぐげん》するのです。冷静な世界観に立って、地球的中央統治は、人類の天命を活《い》かす正しい成就《じょうじゅ》に従って、堅固《けんご》、長久なる世界平和を実現し、銀河世界の中にあって永久に発展し続けていくことができるのです。

地球文明の発展段階としては、インフォメイション　テクノロジー、ＩＴから、マルチ　クオリティ　テクノロジー、ＭＱＴへと発展していき、宇宙文明へと大きく羽ばたいていくでしょう。精神世界においては活天命《かってんめい》を自覚する、優《すぐ》れた人類へと、一段と進化が図《はか》られることになるでしょう。

SRI《エスアールアイ》

人類的幸福を持続するためには、世界的経済成長が必要です。現代では修正資本主義が採用されていますが、このような経済システムの健全な発展のためには、微弱《びじゃく》適正なインフレーションを採用する必要があります。

スモール　ライト　インフレーション、SRI《エスアールアイ》と称しましょう。これはあらゆる諸国において、義務として採用されるべき経済政策です。どのような諸国にありましても、SRI《エスアールアイ》を採用しながら、構造改革や、行政・財政改革を推《お》し進めなければなりません。

さらに、人類の幸福を安寧《あんねい》成長させるためには、応用科学の改革が必要です。人間の健康に害を与えるような、応用科学による製品は、永久《とわ》に禁止されるべきです。人類の幸福は、まさに総合的成果によってなされ、維持《いじ》されるものなのです。

どのような国であっても、各国家の特有の持てる国力というものがあり、国が保有する独自の資源というものがあります。そのような独特の国力、資源などを十分に活用し、国家としての優《すぐ》れた運命を開拓《かいたく》することが重要です。世界平和を最大の基調とし、相互《そうご》に協調しあいながら、世界経済を豊かに成長させていくということが必要なのです。

　このような基本的世界経済政策の成功によって、各諸国は、経済力を豊かに維持《いじ》することができ、国民を幸福へ導《みちび》くことができるのです。デフレーションにあえぐ国家は、大胆《だいたん》な減税や、教育、福祉等への財政投入が必要でしょう。政権者は国力に合った経済政策を、中央銀行に命ずるべきでしょう。

　世界的な経済政策は、SRI《エスアールアイ》の維持《いじ》によって、健全な発展が図《はか》られることが理解できたことでしょう。世界経済の安定成長に際《さい》しては、SRI《エスアールアイ》の指標《しひょう》として、三%が適当であろうと考えられています。いわゆる、三%のインフレーションを継続《けいぞく》する、世界経済政策が必要であるということです。

　どのような国家でも、SRI《エスアールアイ》は三%を基軸《きじく》として、経済政策を図《はか》る必要があるということです。このような健全な世界経済政策のもとで、あらゆる企業は活力と成長力をもって企業を運営していくことができるのです。

　就労率《しゅうろうりつ》は安定し、教育、福祉も充実するでしょう。世界平和を維持《いじ》する国際組織の強化によって、国防費を削減《さくげん》することができ、より有効な経済投資をすることが可能になるでしょう。

吉祥盛運《きっしょうせいうん》の経済力

世界はとみに狭くなり、世界貿易は盛んであると同時に、地球規模の共同体的発展が、必須《ひっす》の条件となってきています。このような状況の中にあっては、特に緊密《きんみつ》な諸国間の連《れん》携《けい》が必要です。国際的犯罪をいかになくしていくか、世界平和の根本的経済、思想を含めた、深い相互《そうご》理解と協調が必要になってくるでしょう。そこに吉祥盛運《きっしょうせいうん》の秘訣《ひけつ》がありま す。

人種や宗教を超えて、固《かた》い世界平和の団結が必要とされるのです。あらゆる紛争は、真理的、宗教的解決へと開放されていかなければなりません。武器商人の資金関係は、宇宙の平和的探索への道へと開放されるのです。世界経済はそれを良しとするでしょう。

この開放によって、日常的人類の文明度も、より健全で明るい、長寿化された、すがすがしいものとして浸透《しんとう》していくでしょう。そこに、豊かな経済成長力への基盤《きばん》が、新たに創造されていくのです。

農業に際《さい》しては、雑草のみを選別し回収する安全なロボットが開発され、市販化されていくでしょう。回収された雑草は、牛の飼料として活用されるでしょう。原始時代の農業とは違う、格段に進化した農業経営が実現されていくのです。

祝福された地球文明と、地球文化は、宇宙時代によって導《みちび》かれていくのです。宇宙時代は神の信託《しんたく》に合一《ごういつ》した時代です。心洗われし者が、幸福に生き抜く時代です。一次産業、二次産業、三次産業、教育、行政に至るまで、欲する必要もないほど、理想が実現される社会となるでしょう。

真に目覚《めざ》めた人類が、高次元《こうじげん》の生活に目覚《めざ》めてきたからなのです。私たちは、単なる物欲の三次元世界に生きているのではありません。心洗われし人類は、新たなステップとして、宇宙時代、神の信託《しんたく》性時代を駆《か》け抜ける、理想実現の社会を構築することができたのです。そこにはポリスマンはおりません。犯罪をなす者もおりません。刑務所も必要がありません。裁判所も必要がないのです。これは二十一世紀からはじまったのです。

そこにこそ、吉祥盛運《きっしょうせいうん》な経済力が私たちの手に、深く、長く刻《きざ》み込まれ、神の目に合一《ごういつ》する優《すぐ》れた社会が見えるのです。

魔障消滅《ましょうしょうめつ》の時

神人《しんじん》に病《やまい》はありません。すべて自由自在であるからです。東洋医学の神秘は時間をかけて難病を完治させます。それは、完治の中枢《ちゅうすう》神経に、神の大愛《だいあい》が宿り、健全なる姿を創造するからです。信ずるところに救いがあるのです。

般若《はんにゃ》の精神を日常とし、神の祝福される強い精力は私たちの身辺に充満《じゅうまん》するのです。洗《せん》心《しん》宇宙の理法を体し、霊験《れいげん》あらたかな神様、観音《かんのん》様、宇宙大天使様以外のことは考えません。そうすることで、本末のはき違えが修正され、魔障消滅《ましょうしょうめつ》が完成され、罪障消滅《ざいしょうしょうめつ》が完成されるのです。

太陽の日が昇るが如《ごと》き、大路《たいろ》の道筋《みちすじ》がはっきりと見えてくるのです。消えゆく魔障《ましょう》は、人類の消えゆく業《ごう》であったのです。業《ごう》は、人類の心洗いという新しい時代に突入した今日《こんにち》、宇宙時代にあって、まったく消え去ったのです。宇宙界からの障《さわ》りはまったくありません。

心洗われし人類は、今日までの異物に新たな点検を加えるでしょう。そのような点検から、宇宙の実在《じつざい》界にあって、何が真相で、何が真実であるかということを、はっきりと見分けることができるのです。現代は宇宙時代、神の信託《しんたく》性時代です。魔障消滅《ましょうしょうめつ》が図《はか》られたのです。人類は偉大な体験をするでしょう。神の偉大さに改めて感激するでしょう。神様は生きておられるということを実感するでしょう。魔障消滅《ましょうしょうめつ》の法流《ほうりゅう》は各自の肉体を貫《つらぬ》き、社会を貫《つらぬ》き、世界を貫《つらぬ》き、人類を貫《つらぬ》くのです。

法流《ほうりゅう》とは商法の法、水流の流と記します。魔障消滅《ましょうしょうめつ》の法流《ほうりゅう》は、因縁解脱《いんねんげだつ》を完成させ、悪霊消滅《あくりょうしょうめつ》を完成させます。魔障消滅《ましょうしょうめつ》の法流《ほうりゅう》は、生き霊《りょう》の完全成仏《じょうぶつ》を完成させ、死霊《しりょう》の完全成仏《じょうぶつ》を完成させるのです。

人間は一人で生きているのではないということを、すがすがしい実感を通して体験するのです。人間は大神様の大愛《だいあい》の中で、すくすくと育《はぐく》まれているのです。

さて、生け花のシンビジュウムのささやかな香りが、魔障消滅《ましょうしょうめつ》の時を知らせました。満開の成功への約束が、人類に託《たく》されたのです。

エピローグ

ボイス対応コンピューターが二十一世紀から工業化され、一般社会に普及《ふきゅう》するでしょう。ボイス対応コンピューターは中学生レベルの会話まで十分に人々と会話し、人間が要求する情報を提供し、今日までとは少し違った楽しい文化を新たに創造するでしょう。

市販ロボットには多重《たじゅう》の安全装置が義務づけられ、誰でもが安心して活用する時代となったのです。読書はコンピューターが代読《だいどく》して読むことも可能となり、人間は五感を酷使《こくし》する必要はなく、多くの時間的余裕を確保できるようになります。

百科事典的情報は、すべて即時にコンピューターが音声によって即答することが可能となり、膨大《ぼうだい》な資料を人間が検索《けんさく》する時間的無駄《むだ》を省くことができるようになるでしょう。

あらゆる電子製品、ソフト機械製品は、人間の五感による操作性に優《すぐ》れた商品性を開発し、人間の五感のうち、その一つのみで安全に作動できる製品を開発するでしょう。その意味するところは、人間の持つ五感のうち、どれを使ってもその装置が完全に、そして安全に作動するのです。視覚《しかく》のみに頼る装置や手動のみに頼る装置は排除《はいじょ》されていくでしょう。人間の側の五感によるすべての安全確認が内臓される優良な製品が市場《しじょう》化《か》されるのです。

電子機械、先端《せんたん》医療器械等々は、格段《かくだん》の進歩を示し、人々の健康の維持《いじ》と改善と回復の強力な進歩を社会に提供するでしょう。

超宗教の発展に伴《ともな》って、世の人々は段階的に超能力を修得《しゅうとく》することができるようになり、超能力を得た人々は、あらゆる病気を完全に消滅《しょうめつ》させることができるようになるでしょう。その結果、病院等は段階的になくなるでしょう。

科学と精神の進歩性は、どちらが先かと問えば、それはもちろん精神性です。精神性の進歩に従って、あらゆる科学が進歩調和し、優《すぐ》れた宇宙文明へと開花させていくのです。

超宗教によって洗練《せんれん》され、心清らかになりたる世の人々は、いずれ神の時を迎え、偉大なる進化を迎えるでしょう。祝福したまう新世界を迎えることができるのです。

やがて新世界の我らは、約一万年前から保存された無傷《むきず》の宇宙船を発見するでしょう。我々は今日までの人類知識と宇宙時代の宇宙知性を得て、銀河旅行を楽しむことができるようになるでしょう。近接《きんせつ》未来は、富《とみ》に楽しい事象《じしょう》が次々と待ち受けているのです。

偉大なる精神性を開発することこそが、人間の勝利であり、社会進歩のコミュニティが楽しく有意義に働くのです。科学技術の進歩は、どこまでも人間の靴《くつ》であり、下駄《げた》です。人間の頭上を科学が飛び回るということはありません。自由自在な靴《くつ》を得ましょう。遥《はる》かに快適な世の中になってきたのです。

超無限の光が、専門性と総合性を強い健全思考《しこう》の意思力をもって、ホリスティックに物《もの》事《ごと》を解決しようとする時代がまさに今日《こんにち》なのです。

そのことを、本書では、本質論をもって特に強調し、ビジネス革新のための成功の糸口としました。新たな時代を迎えるために、精神世界からのビジネスへの指標《しひょう》としたのです。その指標《しひょう》には、サクセスの道が描《えが》かれています。ビジネス革新は、宇宙時代の共振《きょうしん》と連動して開花していくでしょう。

本書の形成《けいせい》において、協力者としての房方《ぼうがた》、浩美《ひろみ》に、新しい健全な視点から多くの明解《めいかい》な示唆《しさ》を与えてくれたことに感謝します。

世界平和の進展を考える時、日本皇室のニーズと伝統が正しい天界からの清らかな光となって世界の隅々《すみずみ》に広がりつつあります。浩宮《ひろのみや》は光の子です。日本人として名誉《めいよ》なことです。

さて、世界は変化し続けています。大庭《おおにわ》に光が降りたる大霊園《れいえん》には、諸々《もろもろ》の墓石《ぼせき》から浄《じょう》化《か》の光が天上界へと駆《か》け上がり、清々《すがすが》しい大霊界《だいれいかい》を太陽の光と共に安らかに造営《ぞうえい》しています。やがて、この星の上に生きた人間社会としての天国が創造されるでしょう。その星上《せいじょう》天国は、世の人々が真の人間として清らかにして健全な生活を行うと同時に、現代以上に発達した科学及び超科学を駆使《くし》し、高度に発達し、安全なコンピューターを使って快適な国際社会を創造すると共に、銀河宇宙の優良《ゆうりょう》な一員としての自覚を深めるでしょう。

インターナショナルビジネスを介してのコスモポリタン的立場は、より強固《きょうこ》な基盤《きばん》となるでしょう。ビジネス資源は無限的に広がります。本書で述べられた諸々《もろもろ》の根本的発想を、自由に、少年の如《ごと》く清らかに採用《さいよう》され、人生及び諸事業を大成されることを願ってやみません。

結びの花としては、薔薇《ばら》がふさわしいでしょう。堅固《けんご》なテーブルの右側には、赤い薔薇《ばら》が凛《りん》と立っています。この演題で講《こう》じられたお話は、世界中で語られるでしょう。

実力、練成《れんせい》アップのためには、以下の図書をお薦《すす》めします。保管的レベルアップのためには『ビジネス革命』總天《そうすめ》　優覧昇《ゆらんすく》著（たま出版）があり、入門書としては、わかりやすいダイヤローグで語られた『ヘルシー・スピリットとハッピー・ライフ』總天《そうすめ》　優覧昇《ゆらんすく》著（たま出版）があります。

本書の真知を開発され、皆々様すべてが小金持ちになられ、清々《すがすが》しい新世紀をお楽しみになり、そしてそれが実現されれば良いとの強い思いを抱きながら、エピローグを終わることとしましょう。

変動の中の世界、その現代に吹く新しい波、そのような中での対極《たいきょく》感をつかむためには、前記のような著書が重要な役立ちを果たすでありましょう。

二〇〇五年五月十六日　日光東照宮松の木立に鶯《うぐいす》の声を聴きながら

總天《そうすめ》　優覽昇《ゆらんすく》

参照図書

『健康革命』　師岡孝次　ごま書房
『中村天風　講演集』　中村天風　天風会
『免疫力を高めるイキイキ健康法』　安部良・則岡孝子　ＰＨＰ研究所
『商賣繁盛大鑑vol.1〜24』　同朋舎出版
『エンサイクロペディア　ブリタニカ』　ブリタニカ
『少食が健康の原点』　甲田光雄　たま出版
『特訓版　目がどんどんよくなる』　ハロルド・ペパード　訳　高木長祥　横山博行　青春出版社
『これが目に効く超「即効食」』　久郷晴彦　コスモトゥーワン
『不老力』　塩谷信男　ゴルフダイジェスト社
※右記以外に、国立国会図書館、アメリカ連邦議会図書館（インデペンデンスAV.ワシントンD.C.）の多数の著書を参考にさせていただきました。

著者略歴

總天 優覧昇（そうすめ ゆらんすく）

BVC主宰　AAA指導部顧問　数十年にわたってヒマラヤ神霊及び神秘を研究する。　ヒマラヤ神霊会から神秘秘伝を受ける。　超宗教家。BVC協会の組織指導と超宗教の広教をワールドワイドに展開する。事業家としても活躍し、コンサルタント事業を包容したエネルギー事業等々の企業展開（プランナー）を計り、利益あるサービスを提供する。万代、人類と地球の宇宙時代的変革に際して注目される啓発を発している。質実剛健で健康生活のスタイルを好み、考古学や陶芸を趣味とし、清風無礙、源流深遠に常々の心を求め、幸福を愛する先見者である。
西洋とアラビア、東洋等のオピニオンを総合調和し、絶対平和の根本思想を古代からの神智を甦らせ、今の時代として相応しい法を明かす。
Ph.D.（経営学博士）
大健康スーパーリッチ研究クラブ　代表
プラチナギャラクシーセンター　神明波観治会　代表幹事
長寿幸福兆勢会　顧問
21C.サクセスビジネス研究会　顧問

著者の関連書籍類

万里神目の先見明力を授く	BVC
ユートピアを学ぶ女子高生のために　（長谷川　驪人力）	BVC
最高指導制の国際統一論　（長谷川　驪人力）	高文堂出版社
万代の神事祭り	BVC
ヘルシー・スピリットとハッピー・ライフ	たま出版
ビジネス革命	上に同じ

問い合わせ先
〒600-8146
京都市下京区間之町通七条南入ル材木町503－1
〔伝教大師　最澄　創設　元七条道場　金光寺門跡〕BVC中央センター
Fax（075）361－9923

巻末特別付録

『電光石火《でんこうせっか》』の巻《まき》

神速、超能力発現のシンボル

ビジネス革新

2005年10月11日　初版第1刷発行

著　　者　總天　優覧昇
発 行 者　韮澤 潤一郎
発 行 所　株式会社 たま出版
〒160-0004　東京都新宿区四谷4－28－20
☎03-5369-3051（代表）
http://www.tamabook.com
振替　00130-5-94804

印 刷 所　株式会社平河工業社

ISBN4-8127-0194-5 C0011

これは、ビジネスに活用できるための超能力を即時に発現《はつげん》される神言《しんごん》とシンボルです。

一、神勅《しんちょく》　光超《こうちょう》無限　正解《せいかい》　回転　愛《あ》素令《すれい》　善気神業《ぜんきかみわざ》　諸種功成就《しょしゅこうじょうじゅ》　急嗚《きゅうきゅう》　如《にょ》律令《りつれい》。

二、南無《なむ》　今《こん》　精進《しょうじん》　観音神気勝《かんのんしんきしょう》　各《かく》浄気《じょうき》　超能　感明《かんめい》　良好　商運　受得《じゅとく》感謝　合掌。

三、超能力を与える必勝ビジネスのシンボル。図形は、次ページにあるように、三の字にその上から三本、川を記したデザインです。

右手にて、左記のデザインを手法《しゅほう》通り、無念　無想　無の境地に立脚《りっきゃく》して空中に描《えが》いてください。

描《えが》き方は、次の順序で行なってください。

①左側に縦《たて》一本を上から下に下ろします。

②マス目になる如《ごと》く、左の上部から右へ横一本線を描《えが》きます。

③真ん中に、縦《たて》一本線を上から下に下ろします。

④左真ん中から、横一本線を右へ描《えが》きます。

⑤右側に、上から下へ縦一本線を下ろします。

⑥最後に、左側下部から右へ横一本線を描《えが》きます。

以上、習熟したら、一気に描《えが》いてください。

次に、このデザインの手法どおり描《えが》いたら、そのデザインの上に重ねて、**光　超　能**　と記してください。光　超　能　の描《えが》き方は、通常の手法で結構《けっこう》です。光　超　能　と描《えが》く時、心の中で「光　超　能」と念じながら描《えが》いてください。これでシンボルは完成します。緊急時は、このシンボルのみで、ビジネスを開く超能力が発効されると秘伝されています。ビジネス上の正しい願い事や超能力エネルギーを与えられたい時はここに書か

■超能力発現のシンボル

にしてください。シンボルは、第三の目で描き、唱《とな》えても、十分効果はあるとされます。

以上は、秘伝ですので、他言《たごん》してはなりません。惜《お》しみなく十分に活用され、自《みずか》らの事業はもちろんのこと、社会事業の発展にも利用されるならば、その利益はあまねく、シンボルを行《ぎょう》じたるものは無論《むろん》のこと、衆生《しゅうじょう》に広く与えられるでしょう。